하얀 꽃들의 사연

국제PEN한국본부 창립70주년기념 산문선집 07

장영교 수필집

International PEN-Korea Center pen

교음사

국제PEN헌장

국제PEN은 국제PEN대회 결의에 따라 다음과 같이 헌장을 선포한다.

1. 문학은 각 민족과 국가 단위로 이루어지나, 그 자체는 국경을 초월하여 그 어떤 상황 변화 속에서도 국가 간의 상호 교류를 유지해야 한다.
2. 예술 작품은 인간의 보편성에 바탕을 두고 길이 전승되는 재산이므로 국가적 또는 정치적 권력으로부터 간섭을 받아서는 안 된다.
3. 국제PEN은 인류 공영을 위해 최대한의 영향력을 발휘해야 하며 종족, 계급 그리고 민족 간의 갈등을 타파하는 동시에 전 세계 인류가 평화롭게 살아갈 수 있다는 이상을 실현하기 위하여 최선을 다해야 한다.
4. 국제PEN은 한 국가 안에서나 또는 세계 여러 나라에서 사상의 교류가 상호 방해 받지 않는다는 원칙을 준수하며, PEN 회원들은 각자 국가나 지역사회에서 어떤 형태로든 표현의 자유를 억압하는 데 반대할 것을 선언한다. 또한, PEN은 출판 및 언론의 자유를 주창하며 평화시의 부당한 검열을 거부한다. 아울러 PEN은 정치와 경제의 올바른 질서를 지향하기 위해 정부, 행정기관, 제도권에 대한 자유로운 비판이 필수적이고 긴요하다는 사실을 확신한다. 이와 함께 PEN 회원들은 출판 및 언론 자유의 오용을 배격하며, 특정 정치 세력이나 개인의 부당한 목적을 위해 사실을 왜곡하는 언론 자유의 해악을 경계한다.

   이러한 목적에 동의하는 모든 자격 있는 작가들, 편집자들, 번역가들은 그들의 국적, 언어, 종족, 피부 색깔 또는 종교에 관계없이 어느 누구라도 PEN 회원이 될 수 있다.

국제PEN한국본부 연혁

국제PEN본부는 1921년에 창립되어 2022년 3월 현재 145개국 154개 센터가 회원으로 가입돼 있는 세계적인 문학단체이다. 국제PEN본부는 영국 런던에 본부를 두고 있으며 특히 UN 인권위원회와 유네스코 자문기구로 현재 전 세계 문인, 번역가, 편집인, 언론인들의 표현의 자유를 옹호하고 인권 문제를 다루고 있는 단체이다.

한국PEN은 1954년 9월 15일 변영로·주요섭·모윤숙·이헌구·김광섭·이무영·백철 선생 등이 발기하여 같은 해 10월 23일 당시 서울 소공동 소재 서울대학교 치과대학 강당에서 창립총회를 열고 국제펜클럽한국본부로 공식 출범하였다. 국제펜클럽한국본부는 그 이듬해인 1955년 6월 비엔나에서 열린 제27차 세계대회에서 정식회원국으로 가입하고 그해 7월에 인준을 받아 오늘에 이르렀으며 2022년 3월 현재 회원 수는 4,000여 명이다.

사)국제PEN한국본부(International PEN Korea Center)는 역사와 권위를 자랑하는 국제적 문학단체로서 회원들의 양심과 소신에 따른 저항권과 표현의 자유를 옹호하고 구속 작가들의 인권문제를 다루며 한국의 우수 문학작품을 번역, 세계 각국에 널리 알리고 우리 민족의 고유문화와 전통문화 등을 해외에 소개하는 한편 세계 각국과 문화 교류 및 친선을 도모하는 데 주도적 역할을 담당하고 있다.

1954. 10. 23.	국제펜클럽한국본부 창립
1955.	제27차 국제PEN비엔나대회에서 회원국 가입 『The Korean PEN』 영문판 및 불어판 창간
1958.	국내 최초 번역문학상 제정
1964.	PEN 아시아 작가기금 지급(1970년 제6차까지)
1970.	제37차 국제PEN서울대회 개최(60개국 참가)
1975.	『PEN뉴스』 창간. 이후 『PEN문학』으로 제호 변경
1978.	한국PEN문학상 제정
1988.	제52차 국제PEN서울대회 개최
1994.	제1회 국제문학심포지엄 개최
1996.	영문계간지 『KOREAN LITERATURE TODAY』 창간
2001.	전국 각 시도 및 미주 등에 지역위원회 설치
2012. 9.	제78차 국제PEN경주대회 개최
2015. 9.	제1회 세계한글작가대회 개최
2016. 9.	제2회 세계한글작가대회 개최
2017. 9.	제3회 세계한글작가대회 개최
2018. 11. 6~9.	제4회 세계한글작가대회 개최
2018. 8. 22.	정관개정에 의해 국제PEN한국본부로 개명
2019. 2.	PEN번역원 창립
2019. 11. 12~15.	제5회 세계한글작가대회 개최
2020. 10. 20~22.	제6회 세계한글작가대회 개최
2021. 11. 2~4.	제7회 세계한글작가대회 개최
2022. 11. 1~4.	제8회 세계한글작가대회 개최

국제PEN한국본부 창립 70주년 기념 선집을 발간하며

국제PEN한국본부는 1954년에 창립되고 이듬해인 1955년 6월 오스트리아의 빈에서 열린 제27차 국제PEN세계대회에서 회원국으로 가입되었다. 초대 이사장은 변영로 선생이 맡고 창립을 주선했던 모윤숙 시인이 부이사장을 맡았다. 이하윤, 김광섭, 피천득, 이한구 등과 함께 창립의 중심 역할을 했던 주요섭이 사무국장을 맡았다.

6·25한국전쟁이 휴전된 지 겨우 1년이 되는 시점에 이루어 낸 국제PEN한국본부의 창립은 매우 깊은 의미를 담는 거사였다. 그동안 국제PEN한국본부는 세 차례의 국제PEN대회와 8회의 세계한글작가대회를 개최하며 수많은 국내외 행사를 주최해 왔다. 이에 내년 2024년에는 창립 70주년을 맞이하게 되어 그 기념사업의 일환으로 PEN 회원들의 작품 선집을 발간하기로 하였다.

여러 가지 기념사업을 진행하지만 회원들의 주옥같은 작품집을 선집으로 집대성하여 남기는 일은 가장 중요하고 의미 있는 일이라 생각한다.

시와 산문으로 구성되는 선집은 우리 한국문학사의 중요한 족적을 남기는 귀중한 역사 자료로서의 가치를 갖게 되리라고 믿으며 겸허한 마음으로 70주년을 자축하는 주요 사업으로 진행하게 된다.

참여해 주신 회원들께 감사하며 어려운 여건 속에서도 기꺼이 출판을 맡아 준 기획출판 오름의 김태웅 대표와 도서출판 교음사 강병욱 대표에게 심심한 감사를 드린다.

2023년 3월

국제PEN한국본부 이사장 김용재

책을 내며

행복한 마음으로

언제나 여름 더위 정도는 덥다덥다 해도 너끈히 잘 넘겼는데, 올해같이 40도 가까이 오르내리는 더위는 지금까지 살아오면서 처음 겪는 것 같다. 덥기도 하지만 글 하나 써 볼 엄두조차 내지 못한 여름도 처음이다.

수필을 써 보겠다고 시작했을 때는 재미있기도 했고 온통 생활이 수필일 만큼 모든 생각은 수필 속에서 시작하여 수필 속에서 잠들만큼 행복했었는데 지금 와서는 쓰면 쓸수록 어렵기만 하다. 또 처음으로 내가 쓴 글을 모아 출판했을 때는 정말 기쁘고 감격스러웠고 돌아가신 부모님께 바치는 행복한 마음으로 감회가 참으로 남다르기도 했다.

이번에 네 권째 출판인데도 쓰면 쓸수록 부족하고 아쉬운 마음에 흡족하지는 않으나 국제PEN클럽 가입 70주년을 맞아 기념으로 출판하게 되었으니 이 또한 감회가 뜻깊지 않을 수가 없다. 가슴 저리는 감사가 밀려온다.

선배 문인들의 노고를 생각하면, 1954년 가입 당시는 육이오 한국전쟁의 상처로 모든 여건이 극한 상태에 열악한 현실임에도 불구하고 이루어 낸 정신이 감히 눈물겨웠고 그 용기 또한 위대하게 느껴졌다. 그분들의 명복을 진심으로 빌면서 글쓰기에 임하고 싶다.

2023년 10월

저자 **장영교**

차례

3. 허술한 청춘

4. 영혼이 깃든 인형

5. 고맙습니다

1

우정의 계절

우정의 계절

단풍이 다 떨어진다고 유난히 안달하는 친구의 계절 앓이도 달랠 겸 우리는 떠나기로 했다. 실은, 친구를 핑계 댔지만 저마다 속은 한 치도 다를 것이 없는 소녀적 그대로 철부지(?)들이 아닌가. 누구를 나무라고 탓한단 말인가. 다만 여건이 녹록지 않을 뿐이지.

이 가을에 가장 잘 어울리는 나들이는 그래도 기차여행이 아닐까. 무작정 나그네가 되어 종점에 닿으면 바다도 만날 것이고, 또 낯선 거리도 좋고.

이른 아침 시간 기차 안은 승객도 별로 없고 조용했다.

바깥 풍경에 취해 한참을 감상하고 있는데 전화가 울렸다. 언제나처럼 반가운 친구로부터 이 가을이 가기 전에 한번 와서 만나자는 간곡한 초대가 아닌가. 아, 어쩔 수 없이 실토를 할 수밖에.

지금 Y까지 가는 기차를 타고 간다고 했더니 그럼 잘 됐다면서 한 역 전인 P역에서 내리라는 것이다. 아니, 그래도 될까?

우리가 도착한 P역은 승객도 많지 않았고 따뜻한 가을 날씨에 고즈넉한 역 건물이 고향 집 같은 정겨움으로 맞아 주었다.

우리 일행은 아무리 봐도 아직은 얼마든지 낭만도 있었고, 여행이 즐겁고 행복해서 그런지 다시 젊어진 듯 나이는 어디 두고 왔는지 밝은 얼굴에 호기심 가득한 소녀들(?) 그대로였다.

친구는 벌써 나와서 기다리고 있었는데 더구나 예쁜 며느리와 함께 맞아 주었다. 생각지도 않은 며느리와의 동반은 너무도 다정해 보이는 부녀 모습이었다.

오랜만에 여행은 고삐라도 벗어 버린 듯 자유로웠는데 따뜻한 환대까지…. 더구나 계절이 계절인 만큼 짙어진 가을 풍경은 아름다울 수밖에 없었다. 이 철없는(?) 소녀들에게는 다시 사춘기라도 맞은 것처럼 탄성이 그치지 않았다.

알고 보니 직장에 나가는 며느리가 시간을 내서 시아버지의 외출을 돕는 것도 대단한데 시아버지 친구들까지 맞이해 준다는 것은 보통 황송한 일은 아닌 것 같다.

생각해 보니 내 친구들은 무슨 복이 그리도 많은지 하나 같이 효성이 지극한 며느리들을 두고 있었다. 이 친구도 보통은 아닌 듯하다.

지금이 어느 때냐. 아직도 며느리한테 효도 받고 존경받는 시부모가 과연 얼마나 될까. 물론 다들 시대 탓도 있겠지만 더구나 직업을 갖고 일하는 여성이 오늘 시아버지의 스케줄을 일일이 알아서 차가 필요하다고 운전까지 자처하면서 시중을 드는 데는 가히 경탄하지 않을 수가 없었다.

우리는 반가운 만남을 축하하면서 점심시간이 되었으니 바로 식당으로 가자는데 오늘 점심 메뉴를 결정하는 데는 며느리 내외가 특별히 신경을 썼다고 행복한 시아버지의 자랑이다.

우리는 친구에게 폐를 끼치고 싶지 않아 나중에 연락할까 했는데 그만 사실을 들키고 만 것이다.

아버님의 귀한 친구분들에게 좋은 대접을 하고 싶다면서 여러 가지로 연구한 끝에 결정을 했다고 한다.

첫째 인삼이 많이 나는 곳이니 인삼을 넣어서 끓인 인삼 우골탕은 맛도 좋고 영양도 좋으나 다음 기회로 통과 시키고.

다음은 이곳의 또 한 명품인 한우가 싱싱하고 맛은 물론이고 유명하니 어떨까 했는데 한우는 어디서나 다 있을 뿐만 아니라 쉽게 먹을 수도 있는 것이니 이곳의 특산품을 살렸으면 좋겠다는 아드님의 의견으로 이번에는 인삼도 있고 한우도 있는 약선당(藥善堂) 음식이 괜찮다는 의견에 최종 결정을 보았다고 했다.

우리는 도대체 알다가도 모를 일이다.

너무도 과분한 환영에 오히려 마음이 편치만은 않았다.

며느리 차를 타고 가면서 장황한 오늘의 점심을 결정하기까지의 과정을 설명 듣는데 우리가 이 고마운 친구에게 이런 분에 넘치는 대접을 받을 만한 자격이 있기는 할까. 이토록 분에 넘치고 사랑 넘치는 환대를 감당할 수가 없어서 은근히 송구스러워지기 시작했다.

지금까지 살면서 나는 나의 모든 친구들에게 얼마나 신경을 쓰면서 아니 관심을 갖고 사랑했는지 부끄럽기까지 했다. 꼭 친구가 아니라도 모든 인간관계에 대해서 반성하고도 남을 일이었다.

최근에 읽은 어떤 작가의 글에서 자기는 백 사람이 한 번 읽는 것보다 한 사람이 백 번을 읽을 수 있는 그런 감동의 글을 쓰고 싶다고 했다.

사실 이런 각오로 글을 써야 할 것이다. 매우 공감이 가는 글이었다.

오늘 이 친구야말로 내 부족한 책을 받으면 몇 번을 읽었는지는 몰라도 내용을 훤히 꿰뚫기도 하고 항상 잊지 않고 확인도 하고 감동한 부분을 몇 번이나 일깨워 주면서 나도 이미 가물가물한 내용을 오래도록 기억하면서 감동을 피력해 주었다.

사실 나에게는 몇 안 되는 정말 특급 나의 애독자라고 자부할 수 있다.

그렇다 나도 한 명의 독자를 위해 아니, 이 친구를 위해 더욱 정신을 차려 정진해야 할 것이다.

약선당에 도착하니 이미 예약이 된 방으로 안내받았다. 잘 가꾼 화분이며 아름다운 정원하며 실내 장식이 모두 품격이 있는 식당으로 보였다. 며느리는 우리를 안내하고 벌써 그 고장의 특산품인 훌륭한 선물까지 준비해 놓고 있었다.

우리는 친구에게 당신은 웬 복으로 이토록 특급 며느리를 두었느냐고 친구를 부러워했더니 시아버지는 며느리에게 당장 그때부터 '특급 내 며느리'라고 호칭을 쓰기 시작했다.

나는 여기서 금방 답을 찾았다. 효부 며느리를 둔 내 친구들을 떠올려보니 그들에게는 효부 효자가 나오지 않을 수가 없었다.

시아버지가 '특급 며느리' 호칭을 당장 사용하는 센스는 시아버지와 며느리가 가까울 수밖에 없는 소통이라는 사실이었다.

세상에 많은 점잖으신 시아버지들이여!

자식의 불효를 탓하기보다는 당신들의 그 알량한 자존심으로는 죽었다 깨어나도 못한다는 하소연은 교양이 있다고도 할 수 없고 점잖은 체면은 더욱 아니다.

센스와 기지를 발휘해서 자식들과의 소통은 곧 행복의 지름길이라는 것을 알아야 할 것이다.

약선당 음식은 특별했다. 지금까지 어느 식당에서도 먹어보지도 구경도 못한 환상의 미삼 튀김은 거의 예술이었다. 모든 음식이 옥호(屋號)가 뜻하듯 착한 약과 같아 맛도 좋았지만, 우리 몸에 그대로 보약이 되고 건강이 되는 느낌이었다.

인삼 요리만 해도 몇 가지나 되고 우리는 새로운 요리가 나올 때마다 탄성을 터트릴 지경이었으니까.

꼭 다시 찾아가고 싶은 약선당이었다.

멀지 않는 날 그 친구를 다시 불러 약선당에서 고마운 우정을 풍성히 나누고 싶다.

알고 보면 이제 우리에게도 시간은 그리 많지 않을 것 같다.

짙어 가는 늦가을 서로의 건강을 간절히 부탁하면서 친구는 나의 4집을 기다린다고 했다. 그다음 5집도. 그래, 꼭 건강하자. 약속을 지켜야지.

노란 은행잎은 우리들의 아름다운 약속의 장면을 증인이라도 되어 줄 것처럼 가까이 날아와 앉는데 우정의 계절은 조용히 짙어지고 있었다.

인생도 화초도

구십을 바라보면 망구(望九)라고 하는데, 그럼 우리 친구들은 모두 망구란 말인가. 작년까지만 해도 자주 몰려다녔는데 이제 봄이 되었으니 다시 시작이 되겠지만 코로나가 기승을 부린다고 이대로 가라앉을 수는 없지 않나 싶다.

아직은 모두 건강했고 모였다 하면 웃음꽃부터 터트리니 이 친구들이야말로 자가 발전적인 청춘을 끊임없이 가동할 수 있는 능력자들임에는 틀림이 없었다.

간단한 점심 식사를 끝내고 친구가 그려 온 그림을 전시해 놓고 하프 연주를 시작했다. 그는 몇 해 전 떠난 마나님이 두고 간 하프를 혼자서 다시 연습한 것이다. 그 애틋한 사랑이 아니었으면 Amazing Grace를 찬양할 수 있었겠나 싶다. 아직도 멈출 수가 없는 정열은 가히 위대할 따름이었다.

참 재주꾼은 달라도 한참 달랐다. 그림도 그림이지만 혼자 하프를 연습하는 동안 마나님 생각은 얼마나 했을까 생각하니 누구에게나 이런 상황이 오지 않는다고 장담할 수는 없지 않은가.

한강을 그린 풍경화를 걸어 놓고 보니 앞에도 한강이요 뒤에도 아름다운 한강이 흐르고 있었다. 언제나 끊임없이 공부하고 노력하면서 곧 90을 통과할 것이고 100세를 거뜬히 맞을 것이 아니겠는가. 오직 건강하길 바랄 뿐이다.

세상에 위대한 명작은 거의 인생 말년에 이루어졌다는데 이 극명한 사실을 믿어 보고 싶다. 그러고 보면 연륜은 그냥 쌓이는 세월이라고만 할 것인가. 이 친구에게는 또 다른 놀라운 사실을 기대해 보는 것도 괜찮을 것 같다.

친구들은 우리 집 화초들을 잘 키웠다고 칭찬을 해 주었지만 잘 키운 것이 아니고 저절로 잘 자라고 있을 뿐이다. 나는 화초에 대해서 경험이나 아는 것도 별로 없는데 또 관심을 갖고 돌볼 형편도 못 되었다. 그저 한 번씩 마르지 않도록 물이나 주는 정도이지 분갈이를 해 준 적도 없고 그냥 속으로 편안한 사랑으로 바라본 것이 전부였다.

그리고 여간해서 새로운 화초를 욕심내거나 사들이는 일은 하지 않는다. 우선 장소가 베란다로 한정된 상태이다 보니 그럴 수 밖에 없었다. 그래서 우리 집 화초의 특징은 다들 30년 내지 40년을 넘게 나이를 먹고 주인처럼 늙어가고 있었다.

그중에 한 2년 전 어느 지방 카페에 들렀다가 하얗게 핀 꽃기린을 보았다. 꽃기린은 우리집에도 있지만 빨간 꽃이 일 년 내

내 피는 좋은 화초였는데 하얀 꽃은 처음이고 흰색의 청초함이 너무도 아름다워 주인에게 한 가지를 부탁했더니 흔쾌히 잘라 주었다. 친구와 나누어 가졌는데 또 한 친구는 살리지도 못 할 텐데 더구나 꽃을 피우고 있는 화초를 자르다니 속으로 원망했다고 오늘에서야 실토를 했다.

그러나 오늘 우리집 흰색 꽃기린은 키도 많이 자라 건강했고 싱싱한 잎 사이로 희고 깨끗한 꽃이 만발한 모습은 얼마나 아름다웠는지 그때 인연을 생각하니 더 자랑스럽고 고마웠다.

나와 나누어 가지고 갔던 친구는 단독주택이니 꽃기린을 더 좋은 환경인 마당에 심어도 꽃 몇 송이는 피는데 나무 자체는 아직 빈약하다고 했다.

건강하고 튼실한 우리 꽃기린을 보고 놀라면서 비결을 물었지만 3일 정도로 쌀뜨물 한 컵이 고작이라 하니 모두 놀랐다.

윤기 자르르한 고무나무, 잎이 더부룩하고 키가 큰 벤자민, 늘씬한 산세베리아, 죽은 줄 알았던 소철과 문주란이 새봄을 맞아 다시 생명을 찾아 잘 자라고 있었으니 이렇게 잘 키우는 노하우가 무엇이냐고 물어볼 만도 했다.

예부터 집안에 우환이나 근심이 있으면 먼저 그 집 장맛이 변한다고 했다. 말하자면 집안의 운기에 따라 변하는 장맛처럼 화초 역시도 민감해서 영향이 있다는 친구의 주장이었다.

나는 평소 남편의 건강 때문에 여행이나, 같이 행동해야 할 때 망설이면 친구들이 위로하고 걱정을 하면서 양보를 해 주기도 했는데 오늘 이 화초들의 싱싱하고 화려한 성장 모습에서 친구들은 우리 가정의 운기를, 즉 말하자면 이 집 가장(家長)의 의외로 강한 의지력을 보았다면서 그러니 화초들에게서 놀라운 활력을 읽었다고, 조금도 걱정 말라는 격려와 위로에 눈물겨운 감동을 받았다.

그렇다. 나는 화초에 쏟을 만한 시간도 없었지만 아는 것도 없다. 그러나 오늘 새로운 사실로 나는 물론 우리 가족에게는 큰 위로가 되었다.

인생 여정에는 우리가 알게 모르게 우리를 둘러싼 우주의 신비와 자연의 이치가 심오한 뜻이 있다는 것을 오늘 우정 속에서 찾았고 얻은 것이 감사했다. 참으로 신기하기도 했지만 뜨거운 정이 가슴을 훈훈하게 했다.

지난겨울 40년이나 정든 문주란을 잃고 상심했을 때 우리 인생도 같은 길을 가겠구나 하는 서글픈 생각이 들었는데 이 봄에 그들이 다시 생명을 추슬러 회생하는 그 모습이 참으로 눈물겨울 만큼 고마웠다.

오늘 친구의 희망찬 격려를 다시 새겨들으면서 생각하게 되었다. 인생이나 식물이나 그 생명은 고귀했다. 오묘한 이치가 있었고 가는 길이 있었음을 깊이 깨닫게 되었다.

아름다운 시절

쌍쌍이 모이던 때를 절정이라고 했던 것은 무엇보다도 젊고 건강했기 때문이었을 것이다.

같은 직장 같은 소속이라고 다들 형제애를 쌓는 것은 아니지만 우리는 그 당시 동 학년으로 만나서 나름 한창때(?)이기도 했지만, 매우 순수했던 것 같았다.

교사로도 빈틈없는 재주꾼들이 서로를 이해하면서 좋은 생각을 나누었고 뜻이 맞았으니 자연스레 동료애가 돈독해질 수밖에 없었다. 각자 연령도 다르고 개성은 다양해도 인품들이 특별히 모나지 않아 서로가 배려와 이해로 푸근했으니 좋은 유대는 저절로 이루어지기 마련인 것 같았다.

이렇게 뜻이 맞다 보니 우리는 근무 외 시간도 다양하게 활용했는데 계절 따라 뜻깊고 유용한 내용들로 보람도 컸지만, 행사 하나하나가 매우 감동적일 때가 많았다,

그때마다 우리의 배우자들도 함께했으면 좋겠다는 의견이 누구라고 할 것도 없이 자연스럽게 하나로 모였다.

우리는 배우자들을 모시기(?) 위해 나름 신경을 쓰면서 때와 장소를 심사숙고 끝에 물색한 다음 품위를 갖추어 초빙(?)하기까지 이르렀다.

이 모든 노력과 세심한 배려는 당연히 배우자를 위함도 있었지만, 거기에는 우리 자신들의 내조와 외조의 밑받침이 된 사랑과 지혜를 동원한 것이며 우리 스스로의 위상과 미덕을 갖추어 보자는 것이 더 맞는 것이었는지도 모른다.

여기서 더 놀라웠던 것은 나름 최선을 다한 초대에 물론 만족도 했겠지만, 이들은 각자의 환경에서 역할도 다르고 직업도, 직장도 물론 달랐으니 시대 감각이나 사고방식인들 왜 다르지 않았겠는가. 만나자마자 금방 소통이 되었다는 사실이다. 참으로 놀라운 사실이 아닐 수 없었다.

아마도 사회적 경험과 높은(?) 교양과 안정된 자질이 아니었을까. 오히려 정회원보다도 더 훌륭한 유대가 형성되었으니 그 수준 역시도 높이 평가하지 않을 수가 없었다.

이렇다 보니 우리는 모이기를 더 좋아했고 문화 예술 스포츠 여행 등 다양한 활동으로 어찌보면 새로운 활력이 일어난 것 같았다.

계절마다 여행은 항상 치밀하게 계획을 세워 감동으로 진행이 되었다.

산이면 산, 바다면 바다 어디로 떠나도 회원들은 일사불란하게 열심히 참여하고 즐겨 소임을 다했다.

산에서 특별한 약초, 봉삼의 신비와 약효까지도 공부하고 섭렵했던 일을 기억하며 연포 바다에서는 신비한 해산물이며, 어선을 빌려 무인도까지 가서 바다낚시까지, 처음 가는 무인도의 체험 등 말할 수 없었으며, 아름다운 보길도의 역사적 배경과 몽돌이 보호되고 있는 신기한 해변의 소리는 지금도 잊을 수 없는 추억으로 잠 못 이루는 밤이 몇 번이었더라. 살면서 얻어진 귀한 선물이 되어 자랑스러운 재산이 아닐 수가 없다.

그 외도 계절 음식이며 다채로운 행사 때마다 청춘을 만끽하며 행복했고 하나 같이 아름답고 소중한 추억이 아닐 수 없었다.

그토록 즐기면서 배울 수 있었던 기회는 인생 여정에 더할 수 없는 소중한 경험이라고 해도 손색이 없었다. 행사마다 이토록 알차고 훌륭한 진행이 될 수 있었던 것은 특별히 노력하신 과학 박사님 덕택이다. 항상 치밀한 계획과 연구로 행사를 위해 다양한 가치를 창출할 수 있는 치밀한 연구와 조사가 바로 회원 전체를 행복하게 할 수 있었던 원동력이었다. 그 점은 지금도 전 회원이 감사하게 생각함도 당연하다.

평소에도 생활 자체가 기발한 아이디어는 물론 박사의 수준이었는데 그 실력으로 모임을 운영했으니 당연히 일등공신이었음을 거듭 감사하고 있다.

또 회원들 역시도 항상 긍정적이고 의견일치로 뒷받침이 돼 주었던 사실 역시도 모든 행사를 더 빛나게 순조롭게 진행할 수 있었으니 돈독한 형제애에도 감사할 뿐이다.

그러나 이제는 그 만능 박사도 건강을 잃고 투병 중이시지만 하루 빨리 쾌차하시길 간절히 바라고 기도할 수밖에 없다.

퇴임한 지도 오래되었지만, 우정은 변함없는데 그동안 세월이 그렇게 빨리 흘렀음을 미처 몰랐다. 탄탄하던 우정도 세월 앞에서 건강을 지키지 못하는 가장 큰 걸림돌로 어쩔 수 없이 먹구름이 되어 나타나기 시작하여 우리를 슬프게 했다.

그동안 우리를 감싸 주었던 그 튼튼하던 담장에 금이 가고 있었으니 우리도 모르는 사이에 그 세월은 덧없을 뿐 아니라 무서운 변화를 가져오기 시작했다.

평소 건강도 했지만, 배우같이 미남이어서 스타 김진규라는 별명의 그 미남 젠틀맨 회원이 생각지도 않았는데 건강을 잃고 불행하게도 우리 곁을 제일 먼저 떠나게 되었다. 아, 어떤 위로가 도움이 될까.

우리 모임의 상징이기도 한 가장 의미 있었던 부부동반이 어처구니없게도 짝을 잃게 되었다. 이제 혼자가 된 회원은 더 이상 모임에 참석 안 하겠다고 했는지 결석이다.

누가 정회원이고 누가 준회원인가는 중요하지 않았다. 짝이 없으니 혼자서는 나타날 수가 없다는 것인가. 나와서 눈물 보이고 싶지 않다는 것인지, 아니면 지난날 아름다운 추억이 되레 아픔이 되었단 말인지 가슴이 아픈 것은 살아남은 자들도 마찬가지인데.

세월이 많이 흘렀지만, 그동안 믿고 감싸 주었던 그 견고한 담장은 이제 금이 간 정도가 아니라 허물어졌으니, 한번 허물어지기 시작하니 담벼락은 이쪽도 저쪽도 막무가내로 힘을 잃게 되었다.

평소 그렇게도 명랑했고 용기도 있었고 유머와 위트로 좌중을 이끌어왔던 왕자분이, 가장 젊은 사고방식의 주인공이었는데 또 뒤를 이었다.

가는 자라고 가고 싶어 가겠냐마는 보내는 자들도 이토록 가슴 아프고 서러운데 떠나는 자는 오죽할까.

이렇게 되면 이제 남은 자들도 모두 떠날 준비를 하란 말인가.

회자정리(會者定離)의 법칙은 너무도 가혹했다.

이것이 인생인지 자연의 순리인지 차례가 정해진 것도 아니고 순서도 없이 뒤죽박죽은 예측할 수도 없는 이별의 티켓을 함부로 남발하고 있었다.

세월이 빠른 건지 무서운 건지 그 어떤 형태로든 금이 가고 약해진 그 담벼락을 흔드는 데는 비바람보다 더 무서운 것은 시간이었다. 쉬지 않고 흐르는 바로 그 세월이었다.

이제는 그 변화가 무섭게 밀려오고 있다. 이 빠른 속도는 무엇이며 누가 그 길을 피해 갈 수가 있단 말인가. 인생의 계절은 속절없이 저무는데 추억은 가슴을 그리움으로 파고들기만 하니,

그래도 참으로 감사할 수 있었던 것은 지금까지 귀한 인연을 주셔서 감사했고 아름다운 추억이 있는 소중한 삶까지 허락해 주신 것이 더없이 눈물겹도록 감사하고 감사할 뿐이다.

청춘의 불길도 시간이 지나면 서서히 잦아들기 마련인데 아직은 불씨 되어 온기를 간직하고는 있지만 더 이상 모이지도 만나지도 같이 여행을 할 수도 없을 만큼 걷는 걸음마저도 힘들다. 허물다 만 담벼락은 그 자리를 언제까지나 지켜 줄 것인지. 세월아, 너무 빨리 가지를 말아다오. 그 아름답던 날들을 어쩌란 말인가.

이 사슴회를 이끌기 위해 회원들의 영양보충까지도 책임지고 온갖 일도 마다않고 혼신을 다하면서 그렇게 힘들게 모임을 이끌어 온 정말 신화 같은 인물이었던 과학 박사마저 오늘 떠나게 되었다.

물론 우주의 법칙에도 영원할 수 있는 것은 있을 수 없지만, 이렇게 우리는 친구를 하나하나 서럽게 이별할 수밖에 없는 운명에 이르고 말았지만, 우리에게는 아름다운 추억이 있는 한, 남은 자들은 다시 모이지 않을 수가 없다. 이렇게 되면 하늘나라 먼저 가신 회원들도 안심할 것이다. 사는 동안 건강을 더 살피면서 아름다운 추억을 소중히 간직한 채 남은 날을 위해서라도 시간을 누려보는 것이 먼저 간 친구들에게 보답하는 길이 되지 않을까.

소중한 추억

지난날 학교에 있을 때였다. 동료 선생님이 경기여고 출신이라기에 내가 서울에서 처음 근무한 학교에서 같이 지낸 이희남 선생님도 경기 출신이었는데 훌륭한 분이었다고 하니 "그 친구 나와 동기 동창이고 친한 사이였어요" 하며 반가워했다.

참으로 단군 자손답게 한 집 건너 친척이라더니 한반도가 이토록 좁았단 말인가.

잠깐 던진 대화가 한 톨의 씨앗이 될 줄이야.

이 선생님은 그때 나보다는 한참 어린 편이었지만 매우 이지적이었고 온순한 성격에 교양 있는 선생님이었다. 항상 독서하는 모습이 진지하기도 했지만, 외모도 단정하고 아름다운 미인이었다. 나는 그때 갓 복직한 상태여서 친구도 없었고 방과 후에는 그 선생님이 읽고 있는 책이 궁금해서 구경도 하고 한 권씩 빌려보게 되었는데 지금 기억은 정확하지 않아도 빌려 본 책이 스무 권은 훨씬 넘었고 아마 한 서른 권은 되지 않았을까 싶다.

문학 서적도 있었지만, 기독교 서적이 대부분이었다. 나는 그 때 서울로 오면서 교회에 나가기 시작했으니 얼마 되지 않는 초보 교인인 셈이었는데 내가 기독교에 확신을 갖게 되는 데는 그 때 읽은 책들이 많은 도움이 된 것은 틀림이 없었다.

헤어진 후로 나는 이 선생님을 잊고 지낸 적은 있어도 마음에는 항상 담고 있었던 것은 사실이다.

그 이 선생님으로부터 어젯밤에 뜬금없이 전화가 왔다. 그동안 사십 년은 훨씬 넘은 세월이 흘렀는데, 전화로 들리는 목소리도 금방 알아들을 만큼 하나도 변하지 않고 그대로였다. 선생님은 그동안 남편 따라 울산에서 살고 있다고 했다. 나는 너무도 놀랍고 반가워서 웬일이냐 어떻게 내 전화번호를 알았느냐 궁금하기도 하고 꿈을 꾸는 듯했다. 도대체 몇 년 만인가.

더 놀란 것은 서울 다니러 왔다가 옛 친구를 만났더니 그 친구가 뜻밖에 나의 소식을 알려 주었다고 했다. 그 친구는 과거 나와 같이 근무했던 경기여고 출신인 이승순 선생님이었다.

"친구한테서 선생님 소식을 듣고 너무 반가웠어요."

사실 요즘 우리 생활은 같은 서울 하늘 아래 살고 있어도 코로나 아니라도 서로 만나고 할 여유를 갖고 할 수 있는 생활은 못 된다. 그래서 모두 바쁘게 살면서 연락도 없이 지내는데.

그 옛날(벌써 옛날이 되어 버렸다) 우연히 나누었던 사연을 기억해 두었다가 삼십여 년이 지난 지금 친구를 만난 자리에서 잊지 않고 내 마음을 전해 줄 수 있었다는 이승순 선생님의 놀라운 기억력도 참으로 칭찬감이 아닐 수가 없었다.

그때 그 씨앗 한 톨이 삼십여 년 만에 다시 싹을 틔운 것이다.

아! 인연이란 바로 이런 것이구나.

한번 인연은 영원할 수도 있겠구나. 참으로 보이지 않는 이음의 고리가 이어져 있었던 것인가 분명히 생각해 보건대 이 모든 것은 사람의 의지로 만들어지는 것은 아닌 것 같았다. 시인 김남조 님의 '풀씨처럼 작은 별에서 만난 연분이여' 하는 시구가 생각나면서 가슴에 작은 진동이 물결처럼 일었다.

도도히 흐르는 저 한강에게 물어보고 싶었다. 그렇게 오래도록 흐르면서 당신들은 무엇이 제일 기억납니까?

"그때 또 한 분 장 선생님도 있었지요. 막 발령 받고 온 아가씨 선생님. 두 분 장 선생님은 같은 안동(安東) 출신이었지요."

"아 맞아요. 재간둥이, 갓 교육대학(서울 안동 부산) 1등 출신 초임 발령 교사 3인방 중에 유독 똑똑하고 예뻤던 장 선생 지금도 연락되고 있어요."

나도 그 학교에 가서 처음 만났고 또 그와 동향(同鄕)이란 것도 알게 되었다. 그때 서울 선생님들은 우리 두 사람 말씨에서 같은 사투리 억양으로 고향을 알아맞히기도 했다.

서울식은 우리 반 아이들. 안동식은 우리 반 아~들. 미스 선생이 아~들, 아~들 한다고 웃었다.

나는 그때 복직한 한물간 노(老)틀이었는데 이 선생님은 고향까지도 기억해 주셨다.

맞아요, 맞아. 기억도 정확했다. 나는 당장 그때 초임이었던 장 선생을 찾았다. 이분도 벌써 퇴직했고 곧 70을 바라볼 예정(?)이라고 하니 세월이 강물인지, 강물이 세월인지 참 많이도 흘렀다.

장 선생님께 이 선생님과의 재회를 말씀드리니, "선생님! 40년이 지난 세월이에요" 감동한 장 선생님이 하는 말이다.

지나간 날 만남도 감사하고 40년이 흐른 지금 다시 만남은 더 소중한 감동이 아닐 수 없었다. 세월은 꿈같이 흘렀다. 40년은 적은 세월은 결코 아니었다. 초년병도 퇴직할 만큼 흘렀는데 어찌 난들 노인이고 싶어서 노인이 되었겠나.

사십 년 세월이 흘렀다고 한탄할 일도 아니지만, 원망할 일은 더더욱 아니다. 사십 년은 흘러도 우리는 아름다웠던 추억 속에서 그때 일을 어제처럼 기억하고 간직해서 서로를 격려하고 반가워하고 행복할 수 있다는 사실이 중요하고 감사할 뿐이다.

그때 그 아름다운 만남이 없었다면 사십 년이 아니라 백 년을 살았다 한들 무슨 기억할 일이며 추억이 되어 오늘 같은 행복한 보람이 있었을까.

그리운 사람은 언제나 그립다.

잊을 수 없는 친구는 꼭 다시 만날 것이다.

만나면 더 아름다운 이야기가 쏟아져 나올 것이다.

오래된 씨앗의 생명은 더 소중하고 향기로웠다.

2020. 10.

화중왕(花中王) 시절

공원 가득 터널을 이룰 만큼 피던 벚꽃은 물론, 청초하기로도 소문 난 목련마저도 철없이 계절을 분간 못하고 덩달아 웃음보만 터트리더니 그들은 벌써 봄바람 타고 다들 사라졌다.

지구 온난화 현상이라는데 이렇게 되면 인간들에게는 이 기현상들이 또 어떤 형태로 다가올 것인지 자못 궁금하기도 하다.

라일락의 향기를 찬미하던 것도 오월 어느 날 밤이 아니었던가. 그것도 다 옛 노래 가사일 뿐이다. 언제 피었는지 벌써 시들시들 지고 있었다.

그뿐인가 유월 목단은 더 기가 막혔다. 아직 사월인데 벌써 목단이 화려하게도 그 독보적인 탐스러움을 자랑이라도 하듯 활짝 피어서 어우러지기 시작했다. 일찍 피었다가 사라진 그 많은 꽃들 뒤를 이어 급하게 채워주니 공원은 다시 또 꽃동산이 만들어지고 벌 못지않은 상춘객을 모으고 있었다.

칭찬을 자기들만 독차지로 받는 것도 당연하다. 역시 목단도 세상의 새로운 변화의 현상에는 편승하지 않을 수가 없었던 것 같다.

공원에 나온 사람들은 목단꽃의 아름다움에 취해서, 칭찬을 하고, 감탄을 하면서 한 번씩 코를 벌름거리며 향기도 맡아 보지만 뻔한 것 아닐까. 옛적 표현에, 신라 때 선덕 여왕을 향기 없는 꽃인 목단에 비유한 것이 생각났다.

그러나 그 은은한 색깔, 흐드러진 넉넉한 아름다움만은 화중왕(花中王) 소리를 들을 만했다.

화중왕! 참으로 오래 잊고 살았던 나의 호칭이라고 해야 하나.

지난날 육십 년도 더 전인 것 같다. 친구 집에 가면 친구 어머니께서 "장 선생은 언제 봐도 금방 핀 목땡꽃 같다"고 말씀하셨다.

나는 그때 목단꽃이 너무 크고 꼭 내 큰 얼굴에 비유한 것 같아서 "목단꽃은 내가 제일 싫어하는 꽃인데요" 했더니 "무슨 말을 그래 하노! 목땡 꽃은 회중왱(花中王)이 아이가" 하시면서 목단의 아름다움을 극구 역설하신 적이 있었다. 그 후로 회중왱은 또 다른 나의 별명이 되었다.

목단꽃을 목땡꽃이라 하시고 화중왕을 회중왱이라고 하신 어머니의 경주지방 토박이 발음이 그렇게 우스웠는데, 속절없이 흐른 세월 앞에 그 어머니도 그립고 그 친구도 지금쯤 어디서 늙고 있을까. 아니, 살았을지 생사가 궁금한 나이가 되었다.

그래도 그때는 목단꽃에 비유될 만했다니 고맙고 행복한 평가도 받을 만했던 시절이 있었구나!

자랑스러운 친구

우리 모임을 중앙이라고 한 것은 모교가 중앙초등학교였으니 자연스럽게 붙여진 이름이 된 것이다. 그때는 초등학교가 아니고 국민학교라고 했지만.

아마 팔십 년이 흘러간 옛일이 되었지만, 잊지 않고 기억하는 것은 그때 5학년 새 학기 무렵인 것 같다. 하루는 담임선생님께서 전입생을 한 명을 데리고 왔다. 머리는 땡땡이 중같이 깎았고 그냥 보기에도 아주 촌뜨기티가 줄줄 흐르는 머슴아(사내아이) 한 명을 데리고 와서 소개를 하고 바로 우리 분단 빈자리로 자리를 정했는데 나와는 서로 마주 건너보게 되었다.

아무도 말을 걸어 주는 이도 없었고 특별히 누구 하나 관심 갖는 이도 없었으니 그날 처음으로 전학 온 땡땡이에게는 낯선 환경에 얼마나 주눅이 들었을까. 그것도 수십 년 지난 지금 와서 생각한 것이다.

말없이 눈알만 굴리던 땡땡이는 책과 공책을 꺼내는데 이름 쓰는 난에 자기 이름을 한문으로 쓴 것이 보였다. 그때 나도 겨우 한문 이름을 배워서 공책이나 소지품에 한문으로 이름을 쓰기 시작하고 있던 터라 관심이 가지 않을 수가 없었다. 물론 다른 친구들은 아무도 한문으로 이름 쓰는 사람이 없었는데 나 혼자서 좀 별다른 생각을 하고 있었던 시절이 있었다. 내가 생각해도 좀 엉뚱했던 것 같았다. 사실 다른 한자나 한문은 아는 것도 없었고 무식했는데 이름 석 자만 겨우 배워서 쓰는 중이었다.

그런데 저 땡땡이가 아니 한문으로 이름을 쓰다니! 시골에서 한문공부 꽤나 한 모양이지. 혹 서당에라도 다녔을까? 나는 혼자 맘속으로만 생각하고 있었다. 그 외에는 사실 그에 대한 기억은 없었다.

그것이 그 친구에 대한 내가 본 첫인상이었고 어쭙잖은 관찰(?)이라고 할 수도 있었다. 그리고 친구에 대한 내가 가지고 있는 추억이기도 했다. 그 후에도 같은 중학교도 다녔다는데 더 이상 다른 특별한 기억은 없었던 것 같다.

5학년이면 아마도 그때가 열두 살인데 이제 이 나이에 그때 일이 한 편의 비디오를 보는 듯 너무도 생생해서 기억나는 대로 이야기를 했더니, 그 친구 왈 대단하다고 할 만한 추억이라면서 자기에 대한 관심은 영광이라도 되는 듯 즐거워했다. 중학교 동창회에서 만날 때마다 지난날이 아름다웠다고 두고두고 떠올려 가며 그 시절을 이야기했다.

우리는 요즘도 모이기만 하면 그때 5학년으로 다시 돌아가기나 한 것처럼 동심이 되어 즐겁다.

그동안 숱한 세월은 우리들에게 많은 변화도 있었지만, 친구의 필살기 같은 성공담을 듣는 것은 그야말로 한 편의 전기 소설보다도 더 감동적이었고 실감 나는 드라마였다.

농촌의 가정에서 여러 남매 중 별 볼 일 없는 막내로 태어나서 스스로를 개척하기 위해 혈혈단신으로 상경해서 가정교사로 전전하면서도 오직 학업을 목표로 명문 고등학교를 거쳐, 명문대학까지 고군분투한 젊은 날은 참으로 대단했다. 너무도 실감이 나서 유명한 전기 한 권을 감동으로 읽은 기분이었다. 그의 입지적 성공담은 들으면 들을수록 인간의 능력이 어디까지일까 싶기도 했다. 나의 친구가 새삼 자랑스러웠다.

드디어 대학 졸업식 날에서야 친구는 시골 부모님을 모셨는데 아버지는 아들의 학교가 명문대학인 것도, 아들이 선택한 전공도 처음 아셨다고 했을 때, 과연 개천에서 용이 난다는 말이 피부로 와닿기도 했다.

그 옛날 땡땡이 시절 눈만 휘둥그레 굴리던 친구의 모습은 바로 무한한 가능성의 미래를 꿈꾸고 있었음이 틀림없었다.

이 사회에서 중요한 역군으로서의 최선을 다한 것은 말할 것도 없고 훌륭한 가정은 물론 자식 교육이나 진로에도 빈틈이 없었다.

더욱 놀라운 것은 이 친구가 5학년 때 우리의 담임선생님을 찾아보자고 했다. 훌륭한 일을 할 수 있는 자는 마음 씀씀이도 달랐지만 생각하는 것도 달랐다.

제자인 우리가 구십을 바라보는데 선생님께서 지금까지도 건강하실까 아니 꼭 제발 살아만 계셔 주셨으면 하는데 가슴 저 깊은 곳에서 피가 마르는 것 같은 안타까움이 조여 왔다.

우리는 만날 때마다 그 옛날 중앙 교정, 아직도 5학년 시절로 돌아갈 수밖에 없었다. 거기는 우리 생애에서 결코 후퇴가 아닌 포근한 우리의 텃밭일 수도 있는 풍요가 그대로 쌓여 있었고, 더할 수 없는 아름다운 추억의 산실이었다.

이제는 그 당시 처녀였던 권정옥 담임선생님을 찾는 일이 제일 급선무이다. 시간도 없지만, 세월은 우리 모두를 기다려 줄 만한 아량을 보여만 준다면 얼마나 고마울까. 그 땡땡이 시절 미래를 꿈꾸던 해맑은 정신세계는 멈출 수 없는 노익장이 되었지만, 인생은 단순히 늙는 것만은 아닌 것 같다. 아직도 무궁무진한 할 일을 찾아 나서는 건전한 나그네가 되어 오늘도 깊은 생각과 함께 창의로운 꿈을 꾸는 식을 줄 모르는 멋쟁이가 아닌가.

꽃은 한 번만 피고 마는 게 아니다

얼마 전까지만 해도 몹시 추웠다. 바람도 세차고 눈도 많이 와서 도로가 막히고 비닐하우스가 쓰러지고, 2월은 그렇게 끝마무리도 옹골차게 하는 것 같다.

초등학교 시절 운동장에서 3.1절 기념식으로 3월은 시작되었다. 그때 몹시 추웠던 기억이 생생한데, 그 후 교사가 되면서 새 학교에 부임할 때마다 옷도 가볍게 예쁘게 신경 쓰면서 전입신고를 하러 다니던 3월은 완전히 봄이었고 희망찬 새 출발의 계절이었다.

숱한 세월이 흘러도 3월은 시작의 계절임에는 틀림이 없다.

늘 걷는 길가에 별 볼품도 없는 마른 삭정이 같았던 나뭇가지에 올해도 변함없이 노란 산수유 꽃이 피었다. 꽃이라기보다는 점점이 송글송글하게 솟아오른 듯 특별히 화려하지는 않아도 예쁜 꽃은 꽃이었다.

"벌써 봄이구나."

아, 이른 봄이면 제일 먼저 온 동네를 노랗게 물들인다는 그 산수유 꽃이다.

나무 몇 그루가 빈약하게 뻗은 가지에 조화(造花) 같은 노란 꽃을 눈물 튀긴 것처럼 외롭게 몇 개를 매달아 놓고 있었다. 잎이 있는 것도 아니고 그 살풍경한 맨 가지에 점점이 붙여놓은 노란색이 무척 깨끗했다. 무엇보다도 다시 만나니 반가웠고 잔잔한 품이 여간 살갑지 않았다.

꽃 모양도 그 흔한 전통 십자화도 아닌 것이 독창성이 대단히 강하다고 해야 하나, 노란 좁쌀 알갱이들을 오롱조롱 모아 놓은 것같이 정교했다. 자세히 들여다보니 그 알갱이 하나하나가 다 독립된 꽃 본연의 모습이었고, 그런대로 예쁘기도 하지만, 평범함을 벗어난 독창적인 개성을 추구한 흔적이 역력했다.

자연의 경의로움일까, 조물주의 세심한 배려일까. 꽃 한 송이도 저마다의 개성을 살려서 나름의 계획 아래 창조되었다는 것이 보면 볼수록 신기했다.

세상 사물에는 구분이 그런대로 명확했다. 생물과 무생물로 크게 나누어지면 그중 생물은 또 동물과 식물로 나누어지고 우리 인생은 물론 움직이는 동물이지만 더 고마운 것은 만물의 영장이라고 할 만큼 뛰어난 지혜도 가졌다는 대단한 자부심을 특권으로 차지한 것 또한 얼마나 대단한가.

자부심! 얼마나 가치가 있는 것인지는 두고 봐야 할 것이다.

별로 보잘 것도 없었던 작은 삭정이 가지에서 제일 먼저 꽃을 피워 봄을 알리는 것은 말할 것도 없고 어김없이 해마다 다시 피울 수 있는 그 강인한 생명력은 우리 인간, 만물의 영장이지만 감히 따라 할 수도 없는 치외법권이며 위대한 능력의 소유자들이란 것을 알아야 할 것이다.

나름 최선의 아름다움으로 세상을 직시하면서 봄을 제일 먼저 구가하는데 우리 인생은 그들이 피워 주는 꽃 한 송이에서 "아 벌써 봄이구나" 그제야 뒷북이라도 쳐 보는 것이 고작인 것 같다.

인생도 계절은 있게 마련이다.

동심의 계절이라면 마땅히 봄이 아닐까. 다음은 가장 왕성한 신록에 비유한다면 그것은 누가 뭐래도 청춘의 계절일 것이다.

청춘! 얼마나 가슴 설레었던가. 그러나 그 청춘은 언제 왔다가 갔는지, 이제 멀리 와서 보니 그 아름다웠던 그때가 청춘이었더구만 모든 것을 놓치고 나서야 아름다움도 소중함도 안타까움이 되어 그리울 수밖에 없다.

낙엽이 지면 벌써 한 해가 다 갔다고 한다.

인생의 계절도 청춘을 보냈으면 가을이고 그 가을걷이는 곧 끝날 것이다.

새봄을 알리는 산수유의 새로운 계절이 그냥 아름답기만 할까. 더 부러운 것은 무엇일까.

긴 겨울 혹한을 이겨내고도 다음 생을 지킬 줄 아는 위대한 그들의 강인한 삶이 더 빛나고 아름다웠다. 이것이야말로 그들의 진정한 자부심이 아닐까.

아무리 위대한 업적을 쌓고 권력을 잡으면 뭣하나.

아무리 아름다움을 간직한 천하일색이면 뭣하나.

아무리 멋진 경영으로 재벌이 되면 뭣하나.

자부심! 그 가치와 능력이 얼마나 위대했으면 당신들의 1등 목표였고 자랑이었을까.

그러나 한 번 가신 님이 다시 돌아왔다는 소식은 들어 본 적이 없다.

봄이면 어김없이 다시 피는 꽃들에게 우리들의 그 알량한 자부심을 아예 양보하는 게 어떨까.

저녁에 찾아온 친구

한밤중에 우연히 중천에서 기웃거리는 달과 마주쳤다. 참으로 오랜만에 만난 친구였다. 그동안 긴 장마의 계절도 지나면서 너무 오래도록 적조했더니 얼마나 궁금했으면 혹시나 만날 수 있을까. 염려한 기다림 때문인지 좀 어두워진 수척한 모습은 속을 끓였음이 역력했다.

언제나처럼 반갑고 보고 싶었던 얼굴인데 요즘 와서 어찌하여 하늘 한번 쳐다볼 줄도 모르고 살았는지 그렇다고 일상이 특별히 더 바빠진 것도 아니건만, 무심히 지낸 것이 미안한 생각도 들었다.

오랜만에 만난 김에 소회라도 풀어 보고 싶어 쳐다보고 또 쳐다보는데 언제나처럼 그러하듯 아무리 봐도 질리지도 않고 저 친구는 예나 지금이나 변함이 없이 한결같았다.

여전히 온화한 모습이었고 나의 고민이나 심지어 투정까지도 이해해 주었고 또 위로해 주었고 격려해 주던 눈길도 저토록 다정할 수가 없었다.

더 고마운 것은 그 정다운 얼굴을 보고 있으면 내가 생각하고 원하는 것을 금방 알아서 해결해 준다니까.

내 맘속에서 그립고 보고 싶은 얼굴들을 어떻게 알았는지 당장 겹쳐지면서 눈물겹도록 반갑게 생시처럼 떠오르니 반갑기도 하지만 먼저 갔다고 원망도 해 보는데 그 간절함이 가슴을 후벼 파기도 했는데….

오늘 밤은 한동안 잠잠했던 그 증세가 또 고개를 쳐들었다.

이렇게 되면 잠은 금방 사라진다. 아마도 다시 잠들기는 어려울 것 같다.

저 친구를 만나면 꼭 원망 같은 종류나 사무치는 고민 같은 것을 자주 풀어놓기도 했는데 그때마다 친구는 내 마음을 다 알기나 한 것처럼 금방 위로해 주고 해결하는 것은 물론, 마무리까지도 깨끗하게 해 주는 것이 너무도 고마웠다.

그 방법이 기가 막힌다.

나무라지도 않고, 큰소리치는 법도 없고, 잔소리도 없었다. 언제나 지극히 조용한 미소로 달래줘서 더욱 고마웠다.

말할 수 없이 고마운 오랜 친구를 둬서 나는 행복하기가 이를 데 없다.

세상에 저만한 성인군자가 어디 또 있을까.

허다한 시인(詩人)들의 간곡한 뜻을 이제는 이해가 되기도 한다.

영원한 나의 위대한 친구에게 나는 지금까지 지나치리만큼 모든 괴로움이나 어려움을 털어놓기만 했다. 물론 고마웠지만, 진정으로 감사할 줄도 모르고 무심히 지나치기만 했는데 오늘 저녁, 이 늦은 시간에도 불구하고 친구의 근황이 궁금해 안타까운 마음으로 먼저 찾아와 준 것이 또 고마웠다.

그간의 사연은 무엇일까.

들어 주지 않은 어려움은 없을까.

아 친구여 고마운 내 친구여.

이토록 끝자락까지 와 버린 삶이 건만 계절이 바뀌는 것마저 새삼스러울 것도 없는데 늦가을 스산한 바람에 친구를 생각하면서 마음의 손을 꼭 잡아 주는 나의 오랜 친구가 찾아와 준 오늘 밤이 너무도 감사하고 행복하다.

세상 소풍을 끝낸 친구

이번 겨울은 눈이 자주 오기도 했지만 날씨도 들쭉날쭉 추운 날이 많았다. 우리는 인사동 뒷골목에 있는 귀천(歸天)이라는 다실에서 만나면 차를 시켜 놓고 많은 이야기를 한 것 같다.

그때 시인 천상병(千祥炳) 님의 시(詩) 「귀천」을 감상하게 되었는데 그냥 우연히 감상만 했을까. 그 장면은 지금 다시 생각해도 특별히 심각했던 것도 아니었고 그냥 시 속에서 공감을 얻으면서 과연 명시로구나, 나는 그렇게만 생각할 정도였다.

사실 이 귀천이라는 다실은 천상병 시인의 아내 미망인이 먼저 가신 시인 남편의 대표작 「귀천」을 상호로 쓴 아주 조그만한 다실이지만 천상병 시인을 아는 많은 독자들이 시인을 사랑하듯 찾는 곳이다. 지금은 그 아내마저도 남편 따라 하늘나라로 가셨다니 인생사가 허무하기도 하고 어쩌면 그 남편을 못 잊어 빨리 가셨나 하는 생각을 하니 생전에 예쁘고 조신하던 모습이 더욱 열부의 모습으로 아름답게 떠올랐다.

귀천

나 하늘로 돌아가리라
새벽빛 와 닿으면 스러지는
이슬 더불어 손에 손을 잡고

나 하늘로 돌아가리라
노을빛 함께 단둘이서
기슭에서 놀다가 구름 손짓하면은

나 하늘로 돌아가리라
아름다운 이 세상 소풍 끝내는 날
가서 아름다웠다고 말하리라

참 아름다운 시였다. 세상에 대한 원망 한 마디도 없었고, 자기 살아온 인생도 녹록지는 않았을 텐데도 세상이 그렇게 아름답기만 했을까. 가슴에 와닿는 시 「귀천」이었다.

우리에겐 누구나 생을 다하면 떠날 수밖에 없는 만고불변의 운명이지만 이토록 아름답게 표현할 수 있다니 천상병 시인이 아니면 도저히 상상도 못할 아름다움이었다.

이 추운 겨울에 떠난 친구를 생각하니 그도 이 세상 소풍이 끝난 것이었을까. 할 일을 다 했다고 할 수 있을까.

왜 그렇게 허망하게 떠났을까. 그도 이 세상이 그렇게 아름다웠을까.

그렇게 자랑이 하고 싶었을까.

그때 귀천을 감상하면서 많은 공감을 받았단 말일까.

내 책을 읽고 지적해 준 한 가지가 생각난다. 내가 쓴 글 가운데는 다도(茶道)에 관한 것이 없다고 하면서 자신이 이끌고 있는 다기회(茶淇會)에 새해부터 참석해서 새로운 경험을 하라고 하더니만, 이토록 못다 한 일이 어디 한둘이겠어.

와인은 서양 문화의 깊은 매력도 있지만, 핵심적 요소라고 하면서 동양문화의 핵심을 굳이 들라 하면 바로 차(茶) 문화에서 시작이 아닐까 했다.

전문적 마니아들 모임이니 어디를 가도 환영받을 것이라고.

와인은 단순한 술이 아니고 서양 문화 역사 지리 전쟁 음악 문학 매너 등 인문학의 모든 요소가 녹아 있는 지식과 교양의 매개체라면서 와인을 마시면서 나누는 대화는 모두가 인문학 강좌와 같은 담론이라고.

그래서 와인을 가까이하고 교류하는 재미는 다르다고 했다. 와인을 마실 때는 취하거나 술김에 실수하는 모습은 거의 없다는 것이다.

이 친구를 보면 우리가 살아가는 길에서 같이 가는 친구는 모두 스승이 될 수 있다는 옛말이 헛말은 아니었다.

와인 시음회에 참석이며 얻어들은 상식이며, 다 생소했지만, 친구의 무한한 배려를 느끼지 않을 수 없었다. 이제 다시 새로운 경지를 개발하거나 공부하는 데는 친구 생각을 하지 않을 수가 없다. 아직은 더 좋은 의견이며 조언이 필요한데 무엇이 그렇게 급해서 떠났는지.

부디 하늘나라에서도 당신의 꿈을 맘껏 펼치고 멋진 소풍이 되길 바란다.

2

다시 스물네 살로

다시 스물네 살로

가나아트에서 귀한 벼루 전시회가 있다기에 관람하고 나니 집에 돌아가는 시간이 좀 늦었다. 퇴근 시간이었기에 전철역은 많은 사람과 상하행 열차들 소리로 전화가 잘 들리지는 않았는데 이성화 아나운서의 전화였다.

“장 선생님, 황남학교를 아세요?” 난데없는 질문이었다.

“알고 말고요. 옛날에 근무했던 학교예요.”

“어떤 분이 내 홈페이지에서 인터뷰하는 장 선생님을 알아보시고 자기 스승이라고 꼭 찾게 해 달라고 간절히 부탁을 하네요. 선생님은 뉴욕에서도 제자를 감동으로 만나신 글을 읽었는데, 오늘 또 제자가 찾으니 얼른 전화해 주세요.” 하면서 전화번호를 가르쳐 주었다.

시간도 늦었고 주변이 시끄러워 집에 와서 저녁을 급히 차리고 전화를 했더니, 여자분이 옛날 황남초등학교 5학년 때 내가 담임하였던 조말남이란 제자라고 했다.

이름을 밝히고 사연도 말했지만, 기억은 잘 나지 않았으나 제자라니 우선 반가웠다. 황남학교 시절은 까마득한 옛날이 아닌가. 오랜 세월이 흘렀는데 아직도 나를 기억하고 찾아주는 제자가 있다는 것은 너무도 의외였다.

울먹이면서 그때 열두 살짜리 5학년이 지금은 칠십둘이 되었다고 하며 꼭 60년 전의 일이지만 자기는 한 번도 선생님을 잊은 적이 없었고 다시 찾아뵈오리라는 일념을 버린 적도 없었다고 했다.

전화로 들려오는 목소리는 너무도 감동이었으며 첫사랑의 해후도 이렇지 않을까 가슴이 찌릿했다. 아니 울컥하기까지 했다.

"그 당시 선생님께서 영주로 전근 가신다는 기억을 갖고 한 20년 전쯤에 영주 교육청으로 직접 문의를 했더니 사표를 내고 지금은 교사가 아니니 자기들로서는 알 수가 없다는 대답에 실망도 했지만, 늘 다시 뵙고 싶은 마음으로 살았어요. 그런데, 우연히 보게 된 인터뷰하는 선생님은 훌륭한 작가가 되셨더군요. 이성화 아나운서님께 당장 연락하여 우리 선생님이 틀림없으니 장영교 선생님을 빨리 만날 수 있게 연락처라도 달라고 떼를 썼지요."

현직에 있을 때는 교사라는 직업에 얼마나 보람이나 긍지를 가졌는지는 잘 몰라도 그저 적성에 맞았고 재미있는 학교생활이었던 것만은 틀림이 없었다. 그만둔 지도 오래지만, 그때를 생각하면 내 인생행로에서 나름의 열정을 쏟으면서 무엇보다도 인간의 사랑을 배웠고 또 그 사랑을 나누면서 얻은 가장 소중한 황금기가 아니었을까. 나도 그 시절의 그리움도 있었고 보람도 있었지만, 특히 제자들과의 만남은 긍지도 컸다.

오늘 72세의 적은 나이도 아닌 초로(初老)의 제자가 이토록 간절히 찾아주니 내 인생, 다 저문 황혼 길에서 감동과 보람이 칠년 가뭄의 단비가 이보다도 더 반가울까, 나를 보람으로 흠뻑 적셔 주었다.

"선생님! 선생님과 나이 차이는 12년이지만 선생님은 내 마음속 깊이 존경으로 새겨져 있었어요."

나는 점점 기가 막혔다. 내가 과연 이 과분한 칭찬을 받을 만한 사람이 될 수 있을까. 아니, 그만한 교사였을까. 젊은 날 사회생활에 철없이 부끄러웠던 실수인들 왜 없었겠나.

"그때 청소 시간에 교실 바닥을 걸레질하다가 제 바지가 쭉 찢어졌어요. 낭패가 된 그 모습을 선생님께서 보시고 얼른 저를 선생님 의자 뒤로 데리고 가서 바지를 벗기고 찢어진 곳을 감쪽같이 꿰매어 주셨어요. 그리고 괜찮다고 용기를 주시면서 예쁘다고 칭찬도 해 주셨어요. 부끄럼 많고 나서지도 못하는 저에게 심부름도 시켜주시고 저에게 용기를 주신 선생님을 잊을 수가 없었어요. 선생님, 고맙습니다. 정말 고맙습니다."

"그뿐인가요.

봄의 교향악이 울려 퍼지는/ 청라 언덕 위에 백합 필 적에/ 나는 흰 나리꽃 향내 맡으며/ 너를 위해 노래, 노래 부른다./ 청라 언덕과 같은 내 맘에/ 백합 같은 내 친구야/ 네가 내게서 피어날 적에/ 모든 슬픔이 사라진다.

그때 선생님이 교과서에도 없는 「친구 생각」을 알려 주셔서 지금도 흥얼거리며, 그 옛날에 잠기지요. 선생님이 치시던 오르간을 감상하던 그 장면이 지금도 어제 일같이 너무 생생해요."

생각지도 못한 나는 기억도 못하는 어리둥절한 상태에서 그 시절을 하나하나 추억하는데 "아 그랬어요, 그랬구나…." 맞장구를 치며 듣고 있으니 나도 벌써 그때로 돌아가서 가슴은 뭉클한 정도가 아니고 감동은 소낙비가 되어 세차게 퍼붓는 것 같았다.

말끝마다 "선생님 고맙습니다. 고맙습니다." 하는데 이 벅찬 감동을 안겨준 이 행운은 나의 제자가 아니었으면 도저히 있을 수도 없는 일이 아닌가.

내가 더 고맙고 내가 몇 배 더 행복했는데, 다 저문 내 인생을 감격으로 아름다운 무지개 색칠을 곱게도 해 준 것이 아닌가.

우리는 같이 늙어가는 마당에 육십 년의 세월이 적은 세월은 아니건만 꼭 어제 일처럼 상황 설명은 나를 다시 스물네 살로 금방 돌아가게 했다.

아! 스물네 살, 잊고 살았던 그 꽃 같은 스물네 살! 나에게도 틀림없는 스물네 살도 있었지. 60년 전으로 돌려준 나의 제자 조말남이야말로 너무도 고맙고 아름다운 인연이 아닐까.

이 늙은이에게 청춘을 찾아준 고마운 제자가 아닌가. 누가 선생했다고 다 이런 제자를 두었겠나. 지금까지 들어 본 적이 없다.

얼마나 감동스럽고, 감격했으면 늙은이 아픈 곳도 많았는데 너 어디가 아팠냐고 할 정도로 전신이 가뿐하면서 새 힘이 솟는 것 같았다.

바야흐로 스물네 살 청춘의 레이저라도 쏘인 것 같으니 말이다. 원인 모를 노병은 현대 최신 의학도 해결하지 못했는데 오늘 상쾌할 만큼 가벼워진 것을 보면 이것은 제자 효과라고 분명히 큰 소리치고 싶다. 틀림없었다. 이렇게 보람으로 건강도 찾게 해 준 나의 제자에게 뜨거운 감사와 사랑을 보내는 행복한 저녁이다.

내가 교사가 아니었다면 이토록 고마운 내 인생의 변곡점을 맞을 수 있었겠나.

스물네 살은 아름다웠다. 나에게 스물네 살을 돌려준 제자를 다시 만나게 해 주신 하나님께 깊은 감사를 드립니다.

그런 제자 그런 스승

오늘은 육십 년 만에 제자를 만나는 특별한 날이다. 작년에 처음 연락이 되었을 때, “선생님! 우리 육십 년만이에요.” 그 극적인 소회를 더 이상 어떻게 표현해 볼 수가 없을 만큼 감동이 컸다. 말이 육십 년이지 육십 번의 봄, 여름, 가을, 겨울꽃 피우고 눈 내리기를 게을리한 적인들 있었을까. 그동안 한 번인들 거르기를 했었겠나, 겹친 적인들 있었겠나.

그렇다고 우리 인생 역시도 그 육십 년 동안을 늘 행복하기만 했을까, 늘 즐거운 날만 있었을까마는 그 하염없는 세월에도 이 못난 사람을 스승이라고 못 잊어, 잊지 않고 찾으려고 애쓰고 노력한 갸륵한 사연들을 듣고 보니 어쩌면 미안하고 오히려 부끄럽기만 했다. 고마워할 자격도 없었거니와 무심히 살아온 세월이 그렇게 허송하기만 했다.

우리는 작년에 처음으로 연락이 닿았을 때 그 특별했던 기적

같은 사연이 너무도 놀라워 당장 뛰어가서 만나고 싶었지만 무서운 코로나에 가로막혀 꼼짝할 수가 없었으니 참고 참았다가 겨우 오늘로 날짜를 잡은 것이다.

이른 아침을 먹는 둥 마는 둥 대강 해치우고 나섰는데 발걸음이 더도 말고 꼭 소풍 가던 날 같았다. 우리는 그동안 누가 더 변하고 늙고가 문제가 아니었다. 60년 세월은 나 혼자만의 세월도 아니니 그저 다시 만나는 것만이 우리의 애절한 바람이었을 뿐이다. 제자는 그동안 이 못난 사람을 좋았던 점만을 기억하면서 그토록 찾으려고 노력했는데 나는 뭘 하고 살았던가. 눈물겨운 제자의 순수함과 정성에 그냥 고맙다고 하기보다는 몹시도 부끄럽기만 했다. 과연 내가 스승이란 자격이 있기는 할까. 하여튼 부족하지만, 그저 감개가 무량하다는 말밖에는 할 말이 없다.

무엇보다도 내가 지금까지 건강하게 살아있었다는 것이 오늘따라 하나님께 감사할 뿐이다. 지난번 동생을 먼저 데려갔을 때 나도 함께하지 못함을 얼마나 원망했던 하나님이 아닌가.

서울역 대합실로 부지런히 들어서니 열차가 도착할 시간은 아직도 많이 남아 있었다. 먼저 열차에서 내리는 승객들이 나오는 출구부터 확인해 보니 출구는 양쪽으로 있었다.

부산서 오는 10시 46분 KTX가 도착하면 승객은 어느 출구를 이용하는지 정확하게 알아 놓으려고 안내데스크로 가서 확인을 하니, 그 열차는 9번 레일로 들어오기 때문에 승객은 양쪽 출구를 자기들이 편리한 곳으로 이용할 수밖에 없다는 것이었다.

매우 난감했지만 별다른 수는 없고 양쪽 출구를 부지런히 뛰어다니면서라도 잘 살필 수밖에 없었다.

오늘만큼은 내 행동을 좀 더 민첩하게 빨리 뛰어다니면서 실수 없이 60년 만의 거사를 성공적으로 이룰 수 있어야 할 각오 같은 것으로 마음을 단단히 다짐했다.

이윽고 부산발 열차가 도착한다는 안내 방송이 들리는데 갑자기 절제되지 않은 흥분인가 떨림이 오더니 마음에 동요가 나도 모르게 일어나는 것이 아닌가? 참 오랜만에 느껴보는 사춘기 때나 있을 수 있었던 느낌 같았다. 청춘도 이미 까마아득한 옛날이건만 아무리 오래전에 헤어졌어도 첫사랑(?)만은 역시 달랐다. 떨림도 있었고 흥분도 곁들여지는 것이 참 이상했다. 다 늙어 버린, 육십 년이 지났는데도 감정은 늙지 않고 그대로 살아 있을 수도 있구나.

우선 준비해 간 '조말남! 장영교 여기 있다' 피켓을 먼저 들어 올렸다.

나의 첫사랑이 빨리 보고 나를 얼른 찾으라고 출구에 나오는 사람들을 향해 더 높게 들어 올렸다.

요즘 같은 동영상 만능시대에 내가 지금 하고 있는 이 퍼포먼스는 좀 생소하기도 하고, 시대 감각이 떨어지는, 어쩌면 우스꽝(?)스러운 아니 촌스러운 장면으로 보이는지 사람들의 시선은 이상한 여자는 아닌가 하는 호기심 찬 눈치들인 것 같았다.

꼭 그렇게 생각할까마는, 여자분들은 "누가 오시냐"고 묻기도 했고, 한 중년 남자분은 "이름을 보니 할머니가 오시는 게 틀림없다."고 하길래 "노인이 아니고 제자가 와요." 하니 믿기지 않는지 "저 이름은 우리 할머니 세대에 많이 쓰던 이름"이라고 매우 흥미 있게 가지 않고 옆에서 지켜보고 있었다.

참으로 60년 전 그때 열두 살짜리 5학년, 착하디착한 작고 어린 순수 소녀하고, 스무 살을 넘기기는 해도 철없는 애송이 초년병 교사와의 인연이었는데, 열두 살 차이밖에 나지 않았지만, 그 당시 경주에서 영주로 전근이 되었으니 얼마나 먼 거리로 생각되었을까. 나는 그때 아버지 따라 당연히 근무지를 옮겨야 했지만 어린 소녀의 가슴에는 헤어져야 하는 상처도 적지 않았겠는데 그 마음을 조금도 헤아려 줄 생각도 못했으니, 지금 생각하면 가슴이 아리도록 미안하다. 정말 더 많이 마음에 걸리는 것은 한 이십 년까지도 나의 소식을 알아보려고 영주 교육청으로 연락해 보았더니 퇴직한 다음이라서 목적을 이루지 못했다고 했을 때도 너무 많이 미안했다.

참 세월은 많이도 흘렀다. 이제는 얼굴만 기억 못하는 것이 아니라 도저히 60년 전 그때를 유추하기에는 너무도 잔인하리만큼 나이를 먹은 정도가 아니라 인생 막다른 길이라 해도 손색이 없는 지경까지 이르렀다고 해야 하나.

십 년이면 강산도 변한다는데 그 강산을 여섯 번도 더 넘겼으니 상전벽해(桑田碧海)인들 어디 온전하겠는가.

나 역시 태어난 후로 처음 해 보는 오늘 이 퍼포먼스도 말할 수 없이 쑥스럽기는 해도 이 부족한 늙은이를 잊지 않고 그토록 못 잊어 어렵게 찾아 준 꽃보다 더 아름다운 제자에 대한 감사와 고마움이 용기는 물론 자긍심으로 너무나도 큰 힘이 되어 용감해질 수밖에 없었다.

양쪽 출구로 승객들이 나오기 시작하니, 나는 이리 뛰고 저리 뛰면서 가슴은 두근거리고 이쪽일까, 저쪽일까 어느 쪽이든 빨리 나를 발견만 해 달라는 간절한 기도와 함께 마음은 어떤 애절한 첫사랑을 다시 만난다 한들 이만할까. 피켓을 더 높이 들어 올리면서 두리번거렸다.

그때 "아이고 선생님! 우리 선생님!" 뛰어와 매달리듯 껴안으면서 뜨거운 포옹으로 우리는 아주 감격적이고 세기적(?)인 육십년 만의 재회를 이루어 냈다. 나의 제자 말남이가 이룩한 감동이었다.

이렇게 열두 살짜리 소녀였던 아름다운 나의 제자와 다시 만났다. 이 사건은 내 인생 최대의 결산이요 행복한 시간이었다. 사람마다 다 겪을 수 있는 경험은 물론 아닐 것이다. 누가 뭐래도 이보다 더 가치 있고, 위대한 내 인생에 알찬 수확이 아닐 수 없었다. 잘 익고 잘 영글고 아름다운 알곡을 가슴에 가득 안고 나는 지금 그대로 행복을 만끽하는데 그는 준비해 온 꽃다발까지 안겨 주면서 "선생님 너무 반가워요, 건강하셔서 너무너무 고마워요." 하는 것이다.

아니, 꽃다발은 내가 준비해서 맞이해야 하는데 또 늙은이가 부족하게도 실수를 했구나.

"오 그래, 고맙네. 새벽부터 서둘러 오느라고 많이 피곤하겠구나. 반갑고 고맙고 세월이 많이도 흘렀구먼. 아직도 그대로 예쁘구나." 나는 너무 행복해서 꿈을 꾸는 것 같았다.

온갖 고마운 표현을 다 해 봐도 내 마음을 다 쏟아 놓지는 못했다.

그런데 아까부터 할머니가 오시냐고 궁금해하던 신사분이 다시 와서 "말남이란 이름은 우리 할머니 세대에 많이 쓰신 이름이지요." 하면서 우리들의 만남을 관심 있게 지켜보면서 사제 간의 육십 년의 재회를 축하해 주기도 했다.

육십 년의 세월은 분명히 흘렀어도 우리는 어제라도 만났던 것 이상으로 반갑고 편안하고 즐거웠고 행복한 마음으로 가슴이 확 뚫리는, 말로는 이 기분을 어떻게 다 쏟아 놓을 수가 없었다. 여기에 뭐가 더 필요할까, 시간일까, 더 좋은 장소일까.

우리는 시내로 나와서 와인을 한 잔씩 곁들인 점심을 먹고 손을 잡고 인사동에서 전시회도 돌아보고 비싸지도 않은 인사동 스타일의 옷을 골라서 사기도 하고 마냥 즐거웠다.

세월은 고맙게도 서로를 다 가정을 만들어서 이제는 딸 넷을 예쁘게도 잘 키워 모두 결혼을 시켜서 손자까지 보았다니 순리의 삶이 무척 아름다웠다. 노년에 접어들면서 건강이 부족해진 남편을 돌봐야 하는 중책을 맡아 아내로 소임을 다하고 있음도 어쩌면 나와 비슷한 정도가 아니라 똑같았다.

여자의 길은 소녀 제자도, 초년병 스승도 별다를 건 없어도 매우 모범적인 한국 여성으로 손색없음이 틀림없었다. 참으로 감사했다. 현모양처(賢母良妻)로서의 후덕함이 몸에 밴 제자가 더욱 고맙고 이보다 아름다울 수가 없었다.

재미있는 이야기로 추억과 현실을 넘나들다 보니 이야기는 쉽게 끝날 수는 없었다. 그러나 중천의 뉘엿뉘엿 넘어가는 해가 말해 주듯 돌아가야 하는 처지만 가까워 오고 있었다.

다시 헤어져야 할 시간은 어김없이 다가왔다. 나는 준비해 온 자그마한 선물 하나를 기념으로 그의 핸드백에 넣으면서 집에 가서 펴 보라고 했다. 그는 예쁜 비단 지갑을 선생님 쓰세요, 하면서 내놓았다.

너무도 예쁜 한국적인 비단 지갑을 내가 조금만 젊었어도 얼른 받았을 것이다. 그러나 나는 지금 사진도 다 버리고 앨범은 통째로 정리하는데 이 예쁜 지갑은 정말 젊은이들이 갖고 있어야 오래 사용할 수 있을 것이 아닌가. 나는 받은 셈 치고 도로 가지라고 애원을 해도 말을 듣지 않고 내 핸드백 밑에 직접 깊이 집어넣었다. 그리고 하는 말이.

"선생님 친구분들을 함께 모시고 싶지만, 선생님께서 직접 정담 나누시라고 조금 넣었어요."

이 못 말리는 제자를 나는 도저히 따라잡을 수가 없었다.

한국의 전통 중에 가장 아름답다면 아름다운 것 중에도 모든 부모님이라면 누구나 부러워하는 것 중에 출세한(?) 아들이 고향에 돌아와서 부모님 친구분들을 모시고 대접하던 미풍양속을 그대로 실천하고픈 그 마음을 읽으니 내가 무슨 복으로 이런 제자를 두었을까.

빨리 가는 시간은 어쩔 수가 없었다. 돌아가야 하는 기차 시간이 많은 시간을 허락하지는 않아도 우리는 다시 만남을 기약하는 행복한 하루였다.

서로 건강을 부탁하면서 아쉽지만 즐거운 시간을 급히 마무리할 수밖에 없었다.

돌아가서 이 극적인 만남, 정확히 61년 만의 재회를 들은 친구들은 요즘도 그런 스승이 어디 있느냐고 너야말로 행복하다고 칭찬을 많이 들었다고 했다.

나도 친구들에게 60년 넘어 찾아온 제자를 서울역에서 만난 장면이며, 제자의 끝없는 노력과 의지의 결과로 다시 만난 영광을 자랑했더니 요즘도 그런 제자가 세상에 있기는 있느냐고 모두들 놀라면서 부러워하는 모습이 역력했다. 제자의 뜨거운 정성을 친구들과 나누면서 즐겼다. 이보다 더 행복한 늙은이가 세상 어디에 또 있을까.

우리는 그런 제자 그런 스승이었네. 그렇지?

2022. 5.

가면극 한 토막

요즘은 자주 깜빡거릴 때가 많다. 나이 탓이려니 생각해 봐도 마음이 편치만은 않다. 아니 점점 무서워지는 생각도 든다. 이러다가 정말 치매라도 오면 어쩌나 공포스럽기까지 하다. 하긴 주변에서도 자주 듣는데 젊은이도 치매가 온다고 하니 참 별일이다.

오늘은 오랜만에 외출할 일이 있어서 미리부터 계획이 되어 있기에 시간에 쫓길 일도 없고 정신 못 차릴 만큼 바쁘지도 않아서 비는 그쳤지만, 우산도 챙기고 거울도 몇 번을 다시 보고 멀쩡하게 집을 나서서 편안히 전철을 탔다. 여느 때나 다름없이 전철 안은 복잡하지도 않아서 곧바로 좌석을 찾아 간단한 읽을거리를 꺼내서 들여다보고 있는데 기내 방송에서 마스크를 미착용한 자는 다음 역에서 내리라는 경고 방송이 나왔다.

나는 무심코 얼굴에 손이 갔는데 아이코, 이게 웬일인가. 내가 오늘 마스크를 잊고 나오다니, 지금까지 마스크도 않고 맨얼굴로 있었던 것이라니, 저 방송이 나를 보고 하는 경고였구나!

갑자기 얼굴을 들 수도 없고 당황해지면서 급히 핸드백 속을 뒤졌다. 늘 가지고 다니던 여분의 마스크조차도 오늘은 보이지 않았다. 기가 막혔다. 당황해지면서 다음 역에 내릴 수밖에 없었다. 이제 다른 방법이 있을 수도 없고 무엇보다도 우선 부끄러웠다. 차 안의 승객들은 모두 마스크를 하고 있는데 나 혼자 맨얼굴이 너무 기가 막혔다.

부끄러워서 고개를 들 수도 없고 다음 역에서 내려 마스크를 구입할 수밖에 없다는 결론으로 체념하고 있었다.

세상이 마스크를 써야 정상인데 나만 마스크 없는 비정상이 되고 보니 세상 기준이 바뀐 것은 틀림이 없었다. 설혹 나 혼자만 정상이라도 이렇게 부끄럽고 창피하고 당황스러울 수밖에 없으니 기준이라는 것은 코에 걸면 코걸이 귀에 걸면 귀걸이, 이어령 비어령(耳於鈴 鼻於鈴)이 아닌가. 참 기막힌 경우가 되었다.

집에서 나설 때 현관 거울 속에서 내 비정상(?)을 발견하지 못한 것부터가 벌써 비정상이었다. 또 승강기를 마스크 없이는 탈 수가 없을 만큼 우리 아파트는 철저했는데도 아니 그 속에 있는 양면 거울에서도 나의 무마스크를 발견하지 못하고 전철까지 뻔뻔스럽게 탈 수 있었다는 것은 비정상을 떠나 치매 증세라고 해도 이 정도면 중증에 해당되지 않을까.

정신을 차리고 보니 더욱 부끄러워 고개를 들 수가 없었다.

복잡하지도 않은 전철 안에 모든 사람들은 이 비정상적인 무모한 나의 행적만을 보고 있었을 것 같았다. 아니 보고 있었다. 이 기가 막히는 상황을 어찌해야 되나. 방법은 역무원 명령대로 다음 역에서 내릴 수밖에 없다.

그때였다. 마주 보는 앞좌석에 젊은 멋쟁이 여성 한 분이 궁지에 몰린 내게 마스크봉투를 내밀었다.

"잊고 나올 수도 있어요, 이걸로 하세요." 세상에 이렇게 고마울 수가 없었다. 가까스로 위기를 모면하고 정신을 차리니 이 일을 어떻게 보답을 해야 할까. 부끄럽고 고맙고 이루 말로는 다 표현할 수가 없지만 가만있을 수는 더더욱 없었다. 부끄러움을 무릅쓰고 가까이 가서 고마운 인사를 하고 우선 연락을 드릴 수 있는 전화번호라도 알려 달라고, 이 고마움을 갚을 길을 생각해 보겠다고 했더니 그분은 끝내 괜찮다고 하시면서 자기도 잊고 나올 때가 있어서 여분을 갖고 다닌 것이 오늘 이렇게 요긴하게 쓰일 수 있어서 오히려 고맙다고 했다.

아니, 세상에는 이런 착하고 훌륭한 분도 있었구나. 천사가 따로 없었다.

나도 여분을 가지고 다녔는데 오늘 따라 이런 낭패를 당하니 무척 부끄러웠다고 하니 그분 하는 말이 더욱 나를 놀라게 했다.

"댁에서도 그 착함이 있었으니 지금 여분이 있는 나를 쉽게 만난 것이 아닐까요. 세상 이치는 그냥 무의미하지는 않아요." 하면서 웃었다. 나는 더 기가 막혔다. 이분이 무엇을 하는 분인지 세상 이치를 논하면서 나를 일깨워 주고 있는 것이 아닌가. 좋은 인상으로 웃으면서 나를 위로하는 것 같았다.

그럼 나는 지금까지 어떤 이치에 맞는 사람이었단 말인가. 늘 부족하고 정확하지 못했던 성격으로 갖고 다니던 여분은 도대체 어디로 가고 없어져서 이 지경으로 당혹하게 되고 또 금방 도움을 받을 수 있는 행운까지 얻게 되었는지 정말 이 모든 것들이 다 세상 이치란 말인가.

오늘 나는 코로나가 창궐하는 무대에서 마스크를 꼭 써야만 하는 어설픈 가면극에 가면을 잊어버리고 맨얼굴로 등장해서 특별한 체험을 할 수 있었는데 오히려 세상 이치를 다시 한번 깨달아 볼 수 있었던 소중한 기회의 하루가 아니었나 싶다.

실패한 입양 사건

늘 다니는 길 쪽에는 식당이 있고 그 옆에는 1m 키 정도의 커다란 붉은 고무통 화분 몇 개로 여러 가지 채소를 계절에 맞춰 잘 키우고 있었다. 봄에는 상추가 싱싱했고 쪽파도 예쁘게 잘 자랐고 지금은 배추와 무 잎이 커다란 화분마다 그득하게 잘도 자라고 있었다.

밭도 아닌 공간에서 가장 깨끗한 무공해 채소가 아닌가. 채소를 키우는 아이디어가 돋보였다.

식구 둘인 우리도 저 정도 크기라면 한 포기만 잘 키워도 무공해 채소를 먹을 수 있을 텐데. 한 번쯤 키워 보고 싶어도 모종을 구하는 길도 모르고 또 그렇게 한가하지도 않았다.

그런데 이번에 우연히 모종 판매하는 집을 만난 김에 가장 싱싱한 배추 모종 네 포기를 기꺼이 사게 되었다. 아, 우리도 이상적인 채소를 키워 보겠구나.

흙이 담긴 채 놀고 있는 화분에다 물을 듬뿍 준 다음 따로따로 한 포기씩 심었다. 꼭 네 자매를 입양이라도 한 듯 너무도 예쁘고 상큼했다. 이제 배추가 잘 자라면 세상에서 가장 무공해 채소로 싱싱한 밥상을 만들어 놓을 것이라는 상상을 하면서 이번 가을은 참으로 새로운 일거리로 매우 기대가 되었다.

그동안 좀 지루했던 여름이었는데 역시 새로움에 대한 도전이란 것에 흥미와 기대는 조용하기만 한 일상에서 분명히 작은 행복 같은 파문이기도 했다. 그래서 생각하는 것보다 더 신선한 가치로 다가올 수밖에 없었다.

두 식구에게 네 포기가 잘 자라만 준다면 김장까지도 생각해 볼 수 있지 않을까.

늙은이들 대화가 너무 비약한 걸까, 아니면 희망적일까.

4자매를 입양해 놓고 웃을 일도 생기다니 그때 마침 딸이 왔다. 아빠가 하는 말이 우리는 오늘 김장 준비 다 끝냈다고 자랑을 해서 또 한 번 웃었다.

때로는 고추도 심어 놓고 무공해 고추를 따 먹을 수 있지 않을까도 생각 안 해 본 것은 아닌데 모종 구하는 길을 모르니 그냥 지나치고 살았다.

텃밭이 있는 것도 아니고 아파트라는 공간에 갇혀 함부로 꿀 수 있는 꿈은 아닌 것 같았다.

단독에 사는 친구는 텃밭이 바로 옥상인데 큰 화분에 대추나무를 심어 작년에는 대추 몇 말을 수확했다고 맛을 보여 주기도 했다. 옥상이야말로 하늘을 향한 무한한 공간을 소유할 수도 있구나 싶어 부러웠다.

자고 일어나자마자 새 식구를 문안차 들여다보는데 이게 웬일인가.

밤새 무공해 4공주 잎이 뿡뿡 뚫려 줄기만 남은 것도 있었다. 문안 인사도 하기 전에 너무 놀랐다. 하루 만에 무슨 벌레가 왔단 말인가, 나비도 없었는데.

23층 고층에 더구나 모기 한 마리도 용납할 수 없는 철벽 방위 철망에 웬 나비가 왔겠나, 잎을 뒤집어 보니 알처럼 생긴 뜨물이 꼬물꼬물 가득 붙어 있었다. 이게 웬일인가. 어디서 어떻게 와서 우리 공주들을 이렇게 괴롭히는가.

너무 억울했다. 앞뒤를 살펴서 뜨물(?)인지 벌레인지 다 잡았다. 하도 작아서 돋보기를 들고 작업을 했다. 이만하면 다 잡은 줄 알았는데 그다음 날은 더 심했다. 도대체 이 악당들은 어디서 왔을까. 어제 흙에 떨어져 있다가 밤 사이에 다시 세를 불린 것 같은데 공산당이 이럴까. 무섭고 몸서리가 쳐졌다. 아 배추 한 포기가 그냥 자란 것이 아니었구나!

하는 수 없이 모종집에 찾아가서 자초지종을 설명하니 주인 여자 왈, "그것도 모르면서 배추 키우려고 했어요?"

질문이면 너무 어려웠고 충고라면 도대체 이해가 잘되지 않았다.

가르쳐 준 대로 농약 집에 갔다. 농약 주인이 배추밭 크기를 물었다. 아마 약의 필요량을 가늠하기 위해서가 아닐까. 네 포기라고 했더니 당장 뽑아 버리라는 것이다. "아니, 약을 사러 왔는데 포기 수가 무슨 문젭니까." 네 포기에 농약 묻혀서 먹어 봐야 득이 없으니 자기 말을 들으라는 것이다. 벌레는 흙 속에 숨어 있으니, 그 네 포기를 위해 약을 팔아도 자기는 부자가 될 수도 없다면서 "연세도 있으신 분이 몰라도 그렇게 모르세요?" 하는 것이다. 세상 어리석게 잘못 살고 있다는 핀잔으로 들렸다.

남편은 "당신이 원하는 무공해 채소는 지구상 어디에 있을까? 차후에 알아봅시다."라고 위로를 한다.

돌아오는 길에 식당 옆 채소 아주머니가 잘 자란 채소 화분 사이에서 농약을 치고 있었다. 저렇게 잘 자라도록 농약을 도대체 얼마나 퍼부었을까. 정말 세상에는 무공해라는 채소는 존재할 수가 없단 말인가.

2021. 10. 3.

주란(珠蘭)이와 함께한 세월

남편이 근무하는 사무실에서 제주도 출신 후배가 고향에 갔다오더니 제주도에서만 자생하는 난(蘭) 한 포기를 가지고 왔는데.

난이라고는 하지만 새끼손가락 길이 정도 되는 것이 어떻게 보면 꼭 파를 다듬다가 버린, 그것도 아주 어리거나 제구실을 못할 때 과감히 버리게 될 정도의 파 뿌리 부분 같기도 한 것을 수첩 속에서 꺼내 놓는데 그 상황도 어처구니가 없었지만.

종일 알몸으로 물 한 방울도 구경 못 하고 비좁아 터진 어두운 수첩 깊은 곳에서 숨인들 제대로 쉴 수 있었겠나. 목은 또 얼마나 탔을까.

거의 말라비틀어지다 못해 시들어 빠진 몰골은 도저히 제주도에서부터 공수해 온 난이라기보다는 부엌 구석에 파 다듬고 버린 쓰레기 속에서나 나올 법한 파 쓰레기로 그 이상도 이하도 아닌 볼품이었다.

그나저나 이 어처구니없는 파 쓰레기라도 목숨은 아직 붙어 있을까 하는 절망 같은 바람으로 난을 살펴보니 처참했고 아련했을 뿐이라고 했다.

오라! 생명에 대한 따스한 인간애까지 발동할 수 있었구나.

제주도에서만 자라는 난인데 이름은 문주란(文珠蘭)이라고 했다. 문주란! 이렇게 아름답고 매력적인 이름은 도대체 누가 지었단 말인가.

섬 외부로 반출이 금지된 상태이기 때문에 화분에 심거나 노출된 상태로 난 대접을 한다는 것은 생각도 할 수 없는 상황이니 얼마나 엄격했으면 오로지 수첩 속에서 죽은 듯이 숨도 못 쉬고 참아야 했을까.

섬 구석에서 서울까지 그것도 비행기를 타고 말이다.

이제는 파가 아닌 문주란 신분이 밝혀졌다.

당장 화원에 가지고 가서 전문적인 기술과 지식을 다 동원해서라도 꼭 살려 내라고 다급한 긴급 명령(?)을 할 수밖에.

천만다행으로 회생은 될 것인지 화분에 얌전히 심어져서 집으로 왔다. 물론 아직은 고개도 못 들고 늘어져 있었지만, 최고의 응급처방도 받았으니 곧 깨어나거나 정신을 차리겠지.

쇼생크 탈출이 따로 없었다. 주란의 탈출도 수첩 속에서 숨도 못 쉴 만큼 목숨을 걸고 비행기를 탔으니 섬을 빠져나오는 그 긴박 그 자체가 최고의 탈출이 아닐까.

젊은 날 풍란을 찾아 새벽부터 전국의 산을 헤매었던 한때의 모험 같은 무용담(?)을 들은 후배가 특별히 고심 끝에 생각해 낸 선물로 귀한 문주란의 절박하고 재미있는 탈출 모험극을 시도한 것은 여간 고맙고 귀한 선물이 아닐 수가 없었다.

이 귀한 문주란의 생명 구하기 작전 역시 성공하여 우리 가정까지 경사를 맞게 되었다.

그때가 바로 우리 막내딸이 초등학교에 입학했으니 나는 똑똑히 기억할 수가 있었다. 올해가 바로 그 40년의 인연을 꽉 채운 2020년이다.

문주란은 보통 난과 꽃 모양도 다르고 잎은 넓고 큰 편이다. 윤기가 나고 훤칠하게 잘 생겼는데 꽃대가 길게 따로 올라가서 큰 꽃다발처럼 여러 개의 꽃이 모여 송이를 만들고 향기도 은은하고 특색 있는 꽃이다.

그동안 꽃 이름도 문주란, 아름다웠는데 꽃은 더 아름다워 자연히 식구들의 사랑을 독차지한 것도 당연했다.

또 가수 문주란도 그 당시 대단한 인기를 누렸다. 특이한 저음으로 많은 히트곡이 나오고 대중의 사랑을 받을 때마다 우리 집 주란이도 고고한 모습으로 화려한 꽃을 잘도 피웠다. 누가 파쓰레기였던 과거를 알기나 하겠나.

멋쟁이 후배는 어설픈 난 애호가를 위해 위험도 감수하면서 섬을 탈출시켜 지금까지 사랑 받으며 위대한 꽃을 피우기까지 우리와 인연으로 생의 보람을 찾은 그 세월도 간단한 세월은 아니었다. 산천이 바뀐 것만 해도 그동안 몇 번이란 말인가.

40년 세월은 유수 같다더니 유명 가수도 요즘은 뜸해졌다. 이제는 그 가수도 늙고 있겠지. 우리 주란이도 올여름까지만 해도 꽃도 피우고 아름다웠는데 가을 들어서면서 잎이 윤기를 잃고 거칠어지더니 점점 마르기 시작했다. 웬일일까 물을 줘 봐도 영양제를 투입해도 백약이 무효가 되었다.

지난날 매년 겨울철마다 3개월씩(12월, 1월, 2월) 정기적으로 집을 비울 때도 그저 대야에 물을 담아 화분째 담가 놓기만 하면 끄떡없이 겨울도 잘 지내고 꽃도 잘 피웠던 우리 주란이가 아니었던가. 혹 아직도 섬을 기억하는 것은 아니겠지. 향수(鄕愁)는 나이 들수록 더하다지만 그건 아닐 거야.

아마도 2020년까지가 천수(天壽)의 한계인지 아무리 살려 보려고 해도 잎부터 말랐다.

생로병사는 모든 생물에게 공평한 공식인지 그럼 마흔 살이 우리 주란이의 한계인가.

하기야 40년의 세월은 나에게도 변화가 어디 한둘이었던가.

너의 탈출을 도왔던 일등공신도 퇴직을 했고 지금은 소식도 모른다. 너를 예뻐하던 많은 나의 형제들도 천국으로 갔으니 우리도 갈 길은 다 정해진 것 같다. 주란아, 너와 함께한 세월이 얼마나 행복했는지는 너는 잘 알고 있겠지.

눈 오는 공원에서

작은 공원이지만 집 가까이에 있으니 자주 이용할 수 있어서 정말 요긴하다. 이사를 갈 것도 아니지만 이제는 없어서는 안 될 아주 만만찮은 친구가 되었다.

실제 친구도 가까이 살면서 아침저녁으로 자주 만나야 지란지교(芝蘭之交)의 우정이 더 생성된다고도 하지 않던가.

평소 공원을 걷는 것만으로도 하루운동으로 충당할 수 있다 보니 언제나 즐겨 찾을 수 있는 나의 심신 단련장이 된 지는 오래다.

조용히 걸으면서 내 자신을 발견하고 돌아볼 수도 있는 시간을 갖는 것이 무엇보다도 좋았다. 가장 진지한 생각으로 나를 평가(?)하면서 냉정하기보다 무조건적인 용서가 아닌 진정한 반성의 시간이 되기도 하는 가장 적당한 장소가 아닌가 싶다.

그것뿐인가. 온갖 상념은 내 황폐한 창작의 정원에 좋은 밑거

름이 되어 줄 때도 있었지만 더 중요한 것은 언제나 잊지 않고 전능자와 만날 수 있는 기도의 시간이기도 하다. 감사함을 배웠고 뜨거운 은혜를 체험한 것은 또 얼마였던가.

벤치에 앉아서 햇볕이라도 쬔다면 금상첨화로 나는 자연에 맡겨지기라도 한 것처럼 더할 수 없는 행복에 젖어든다.

지난여름 아무도 없는 빈 공원을 혼자서 비를 맞으며 걸었을 때도 조용한 공원은 오히려 무섭지도 않았고 외롭지도 않았다. 매일 만나는 나무들과의 소통이 지금도 행복하고 아름다운 추억이 되어 평생 간직할 소중한 장면들이었다.

여름은 여름대로 봄은 또 얼마나 희망적이었던가.

꽃이 피어나는 그 순간을 카운트다운이라도 하듯이 기다려도 봤고 그때 그 순수했던 설렘 하며 꽃 대궐 속으로 맞아 주던 그 감동은 너무도 감사하고 행복했다.

그럼 가을은 어디 뒤질세라.

새로운 변신으로 떨어지는 낙엽 한 잎도 고운 단풍으로 물들어 사색의 계절에 의미를 새겨 외로움을 달래 주었지만 그 낭만은 또 얼마나 나를 깊은 생각으로 이끌었던가.

오늘 좀 늦은 오후 그동안 며칠째 추웠는데 다시 좀 풀리는가 싶더니 온 공원에 눈발이 휘날리기 시작했다.

금방 시작한 것 같은데 벌써 나뭇가지가 흰 눈을 끌어안고 가지 위에다 소복하게 쌓고 있었다.

목련 나무는 하늘을 향한 작은 가지 끝까지에도 촘촘히 꽃메

아리들을 매달아 놓고 이 겨울에도 4월을 꿈꾸고 있었다. 세상에서 가장 아름답고 고상한 품위를 지닌 목련화를 새봄 하늘 가득히 피울 준비에 여념이 없는데 포슬포슬 눈발은 그 수많은 꽃메아리들을 따뜻이 감싸 안아 주었다.

눈발은 시작부터 부지런한 솜씨가 많이 올 모양새였다. 저 어둡고 깊고 끝없는 하늘은 무한의 대 우주 속을 바로 연결이 되어 감당하기에는 무서울 만큼 무질서로 날려 보내니 어찌 보면 난무의 광란 같은 향연이 펼쳐지는데 당연히 시끄러울 만도 하건만 세상은 한없이 조용히 저물어 가고 있었다.

옛 시인 이항복의 해군성(解裙聲)이 생각난다. 시인은 치마 벗는 소리도 듣는데 이 광란의 하늘 향연에는 어떤 소리를 들을 수 있을까. 나는 시인의 경지가 못되어서 저 광란이 한없이 조용하기만 한데 땅 위에 내려앉는 모습은 어찌 저리도 숭고하리만큼 깨끗한지.

순백의 천사의 옷자락인가 지극히 조용히 내려앉는다.

나뭇가지도 운동장도 동산도 지붕도 이런 것이 평온인가 평정인가 어쩌면 이토록 더도 말고 덜도 말고 평화의 세상을 순식간에 이룰 수 있을까.

이것이 바로 백설만이 이룰 수 있는 세상일 것이다.

어느 봄날 남도 100리 벚꽃길에서 앞이 안 보이도록 휘날리며 아름다웠던 벚꽃 눈발이 떠오른다. 그때 그 눈발이 얼마나 아름다웠으면 버스에서 내려 꽃잎 눈발을 온 얼굴로 가슴으로 몸으로 안으며 받으며 맞으며 울컥 그리운 얼굴이 떠올라 눈물을 글썽거렸지만, 오늘 이 소리 없이 쌓이는 눈은 어디서 곧 들려올 것만 같은 그 목소리 그리움으로 쌓인다.

"그 나무 아래 고이 잠들어다오."

간곡한 그 부탁을 다시 하자니 목이 멘다.

하나님 살펴 주소서

지난번 국경일인 것 같은데 아마 3.1절이었을 것이다. 날씨가 어찌나 바람이 불고 사나웠던지 국기를 내걸어 놓고 외출했다가 돌아왔더니, 국기가 없어졌다. 사방 찾아도 보이지 않았고 나무에 걸린 것도 아니고 자루와 봉째로 어떻게 어디로 날아갔는지 아무리 찾았지만 끝내 보이지 않았다. 귀신이 곡할 노릇이었다. 마음이 편치 않는게 꼭 나라를 올바로 지키지 못한 것 같은 죄책감으로 영 괴로웠다.

국기를 다시 마련해야 하는데 국기를 파는 곳을 물어보니 종로 가다가 봤다는 등 아무도 확실하게는 알고 있는 사람이 없었다. 혹시나 하면서 대형 문구점을 찾아갔더니 역시 그곳에 있었다. 적당히 크고 더 좋은 태극기를 만날 수 있었다. 속이 다 시원했다.

광복절 아침에 일찍이 국기를 게양했다. 또 바람이라도 불어서, 날아가 버릴까 봐 끈으로 단단히 묶고서야 마음을 놓았다.

그런데 이상하게도 다른 집에서 한 집도 국기가 보이지 않았다. 오늘이 광복절 8.15가 틀림없는데… 건너 보이는 다른 아파트도 겨우 두 집에서 태극기가 펄럭일 뿐이었다. 이게 웬일인가. 아직 이른 시간인가.

좀 걷고 싶어서 아침 먹고 공원에 나가보니 3단지의 아파트 중에서 K아파트에 겨우 한 집에서만 펄럭였고 맞은 편 H아파트와 대형 W아파트에서는 아예 한 집도 국기를 달아 놓은 집이 없었다.

도대체 이게 웬일일까. 대통령이 태극기에 대한 경례를 안 한다는 소문이 있더니 국민들도 따른 것인가. 정말 그래서 모두 국기를 달지 않고 있는가. 지금까지 말 같지 않은 여러 가지가 그냥 헛소문인가 했는데 그럼 사실이었단 말인가. 한때 국무총리라는 자가 밟고 있는 장면을 TV에서 보고 그 몰상식함에 치를 떨었는데, 오늘이 광복절 8.15가 아닌가. 우리 국민이 우리의 광복절을 잊었단 말인가. 그동안 태극기를 게양하지 말라는 지령이라도 있었는가. 그러면 나만 모르고 있었단 말인가. 이건 말도 안 된다.

최근 어떤 대권 후보가 애국가를 4절까지 큰 소리로 불러서 감동스러웠는데 이를 두고 한편에서는 제국주의냐, 전체주의냐라는 등의 말이 많더니 그럼 이제는 애국가도 부르지 말고 태극기도 달지 말라는 것인가. 이게 도대체 어느 나라냐. 참 기가 막혀 말이 안 나올 지경이다.

어쩌다 이 나라가 광복절에 태극기를 달지 않고 더구나 애국가 4절까지 부른 것이 흉거리가 되었는지 우리는 누구이며 우리 민족은 지금 어디로 가고 있는지.

그 후보자가 유난히도 낭랑한 목소리로 부른 애국가는 감동 그 자체였는데, 구절구절 뜻이 새겨지면서 북받치던 그 감동은 그대로 나라 사랑의 표출이었는데 그리고 그분은 자기 가정 행사에서도 마찬가지로 애국가를 부를 만큼 평소 행동거지가 진정한 애국자였다. 이분이야말로 진정으로 애국하는 모습이 아닐까. 행동하는 애국임이 틀림없었다.

이념이 다르다고 별의별 트집을 잡고 있으니 그들은 이 나라에 있을 가격이 있는지. 공산주의를 원하면 당연히 선택하는 곳으로 자신들이 떠나는 것이 당연하지 않을까. 아무리 생각해도 이념도 중요하지만 지구상에 잔재하고 있는 공산 국가를 보라. 그들의 적나라한 실패한 모순이 그대로 드러났는데도 소련을 위시한 위성 국가들, 굶어 죽어가는 이북 동포들의 비참한 현실이며 거짓투성이인 중국 하며, 그래도 공산주의 허상의 이념을 좇는다는 것은 도저히 이해도 안 되지만, 저 무모한 행위는 자멸의 극치를 보는 것 같은데 아무리 운동권으로 공부도 안 하고 무식한 소치라고는 하나 정신을 차려야 하는 것은 아닌지.

광복의 그 날을 역사는 너무도 생생히 기억하고 있다. 그날 우리 백성들은 어리고 몽매했지만 그리고 가난했지만, 모두가 태극기를 들고 대한독립 만세를 목이 터지라고 외쳤고 환희와 감동은 물론 그날 흘렸던 감격의 눈물을, 대한민국 국민이라면 태극기를 게양하고 감사의 광복절을 맞이하는 것이 당연한 것 아닌가.

이 나라가 어쩌다 이렇게 이 정도로 되었는지 가슴이 아프다. 지금까지 살면서 요즘같이 나라를 근심해 본 적도 있었던가 싶다. 나라는 그저 숨 쉬는 공기처럼 고마움도 크게 모르면서 엄마의 품에 안긴 어린 아기가 되어 살았는데 엄마가 건강하지 못하면 아기들은 어떻게 될까. 오직 엄마가 건강하고 튼튼해야만 아기가 잘 자랄 수 있겠지. 그 아기들을 생각하니 가슴이 아프고 울고 싶기만 하다.

하나님, 이 나라를 살펴 주소서. 이 나라를 구해 주소서.

하나님이 보호하사 우리나라 만세를 목 놓아 부르고 싶습니다.

2020. 8.

올바른 역사를 원할 뿐이다

그때 백담사로 떠나면서 했던 말이 생각난다.

“오늘은 촌부의 평화로운 삶이 제일 부럽다.” 국가의 원수요 책임자이며 최고 권력자인 대통령이었던 분이 강원도 산사로 현대식 귀양(?)을 가면서 한 말이다. 물론 폭풍을 만나면 평온했던 맑은 날이 그립겠지. 이보다 더한 진심이 어디 있겠는가.

잘은 모르지만, 권력의 주변은 항상 폭풍 전야 같은 긴장감과 불안으로 점철되어 있었는지도 모른다. 또 권력의 과일은 한번 맛을 보았다 하면 그 맛을 못 잊는다고도 했다. 과연 얼마나 맛이 있었으면(?) 이런 말이 만들어지기도 했을까.

선한 정치를 베풀어도 호시탐탐 끼어드는 해충도 있었을 것이고, 악한 정치를 펼쳐도 타도하겠다는 정의의 사도가 끊임없이 도전했을 것이다.

한 국가를 평화롭게 태평성대로 영위한다는 것은 그만한 대가

가 있어야 하며 합당한 희생이 따라야만이 이룰 수도 있을 것이다. 그리고 누릴 수 있는 자격도 있음을 알아야 할 것이다. 당연한 것이 아닌가.

그렇다면 평화와 안정을 추구한다는 자체는 바로 최고의 전쟁 준비가 아닐까도 싶다. 바로 적과 악에 대한 끝없는 대비책.

강한 군대를 양성하고 철통같은 최신 무기와 고도로 훈련된 정신 무장이 아니고는 어떤 외부 세력도 넘보는 기회를 줄 수 없듯이 말이다. 미천한 민생도 이 정도는 상식으로도 알 수 있는데.

지금 세계정세를 보면 부강할 뿐만 아니라 태평성대를 누리는 국가일수록 가장 많은 방위비를 비축한 나라인 것도 알 수 있다.

불철주야로 철통같은 경계와 힘을 키우는 일들이 단 한순간도 허술함이 없어야 한다. 참으로 고통 아닌 고통과 희생이 따르지 않고는 지킬 수도 이룰 수도 없는 것이 국방이다. 그렇다면 지금 우리 형편은 어떠한가.

군가 한 구절이 생각난다.

전투와 전투 속에 맺어진 전우야/ 부모 형제 우릴 믿고 단잠을 이룬다

참으로 가슴을 서늘하게 했던 감동의 군가였다. 사랑하는 우리의 아들들이 나라를 지키며 부르는 군가에는 그들의 결연하고 장엄한 희생정신이 깃들어 있었다.

한 국가가 국격을 바로 세우고 역사를 이어가는 데는 수많은

애로와 난관과 희생이 따르기 마련인 것은 당연하다.

화무십일홍(花無十日紅)이듯 붉은 꽃은 열흘 못 가고 권력 역시도 오래 가기는 어렵다는 말도 마찬가지일 것이다.

아니, 우리의 근세사를 돌아봐도 그렇다. 김옥균을 위시한 갑신정변은 그 당시 봉건 사회에서 새로운 시대적 혁신이 요구되었지만 3일 천하로 막을 내렸다. 역사는 그냥 흐르는 것은 결코 아니었다. 그동안 수많은 부침으로 고뇌와 희망의 기록이 바로 역사가 아니었던가.

지금은 한 권력자이기 전에 지나간 역사의 인물이 된, 그리고 어제그저께 세상을 하직한 고인의 영정 앞에서 이념이 다른 사람들끼리 왈가왈부해서 될 일인가. 심지어 그 고장에서는 고인의 형상까지 만들어 놓고 어린아이들에게까지 그 허수아비를 쥐어박게 하는 등 별 해괴망측한 짓을 가르친다고 하니 그것이 진정한 복수의 방법인지 그네들의 수준을 알 것 같기도 하다.

역사는 잘했든 못했든, 악이든 선이든 사실을 기록할 것이다. 그래야 올바른 역사가 될 것이다.

그러나 그 기록을 세상은 지금 자기 나름으로 해석한 것인지 진영이 달라서 우리 편 상대편으로 편 가르기를 하는 것인지 해도 해도 너무하다.

곧 역사의 준엄한 판단이 내려져야 할 것이다.

인간은 신이 아닌데 어떻게 잘잘못이 없겠는가. 공과 과가 있기 마련이면 그 또한 인간은 영원히 신이 될 수 없기 때문일 것이다.

"너 자신을 알라" 이보다 더 훌륭한 금언도 없을 것이다.

지금 이 시대에 당신 자신은 어떤, 어느 방향의 길을 가고 있는지 돌아볼 수 있는 기회가 필요할 것이다. 이토록 편협된 생각으로 세상을 바라보고 비판만 한다면 자신을 돌아보는 기회와 성찰은 다시 찾아올 수 있을까 싶기도 하다.

요즘처럼 각자의 진영에서 옳고 그름이 다르게 판단된다면 지금까지 배워오고 수없이 듣고 경험한 민주주의와 공산주의의 그 모든 것의 다른 점은 공염불에 지나지 않을 것이다. 제발 이제는 서로가 관용을 보이는 성숙된 인간으로 돌아갈 수는 없을까.

아직도 기억 속에 생생한데 자신의 과오가 세상에 알려지자 아무리 가족이 저지른 일이지만 당신 스스로를 용서할 수 없어서 부엉이 바위를 선택한 비극을 우리 모두가 애도한 기억밖에 없는데.

지금은 어떤가 돌아가신 분에게 최소한의 예의라도 좋으니 제발 국립묘지에 한 치의 땅이라도 허용할 수 있는 아량을 보일 수는 없단 말인가. 진정으로 용서가 될 수가 없단 말인가.

그렇게 떠받드는 영웅은 정말 그토록 위대해서 가는 곳마다 훌륭한 컨벤션이며 화려한 기념관의 명목으로 세워져 있는가? 전국 곳곳에 무수한 족적들을 그토록 풍성하게 으리으리하게 차려 놓았으니 감탄스럽지 않을 수 없었다. 그에 비하면 오천 년 가난을 벗어나게 한 혁명가에게는 생전 본인의 검소한 취향처럼 어쩌면 인색하다 싶을 만큼 작고 보잘것없는 기념관마저도 어디에 있는지 가는 길 안내 표시 하나 없이 외진 곳에 초라하기 그지없는 모습이 아닌가. 그뿐인가. 대한민국 건국의 아버지를 우리는 도대체 어디로 가서 그 흔적을 찾아볼 수 있단 말인가.

그러나 당신네들은 얼마든지 현명하고 미래를 예측하는 뛰어난 안목으로 모든 준비는 빈틈없이 잘되고 있는 것 같다. 세상에서 지금은 사라진 지도 오래된 기관을 복원하다시피 다시 만들어 피난처로 준비되었으니 우려할 일은 없어서 다행이다.

나는 이쪽이 옳고 저쪽이 옳지 않고를 떠나서 인간은 역시 어리석은 자나 그렇지 않은 똑똑한 자나 별 차이는 없는 것 같다. 손바닥으로 해를 가리는 방법은 그렇게 어렵지도 않다는 사실은 누구나 다 알아도 실지로 사용하는 자도 있고 못 하는지 안 하는 자도 있으니 말이다.

사실 미국 마운틴 러시모어(mountain rushmore)에 있는 거대한 바위산에 네 명의 미국 대통령 흉상은 세상에 모르는 사람은 없을 것이다.

미국 독립을 이룩한 조지 워싱턴, 남북 전쟁을 승리로 이끌고 노예 해방을 시킨 링컨, 제퍼슨, 루스벨트 등 네 명의 전직 대통령의 조각이다. 이 네 명의 훌륭한 대통령들은 잘못이나 티가 없고 약점이 없는 대통령인가 하면 그렇지도 않을 뿐만 아니라 한국식으로 끌어내리려면 한 사람도 올라갈 수가 없다고 한다.

위대한 국민은 잘못은 감싸고 잘한 것은 높이 칭찬해 주는 기독교 정신이 투철하다고 한다.

우리는 왜 그렇게 될 수가 없을까.

대한민국을 건국하고 자유민주주의의 기치를 세우고 공산주의의 침략과 싸워 우리를 진정한 자유가 무엇인지 그 맛을 알 수 있게 해 준 건국의 아버지를 다시 생각할 수는 없을까.

단군 이래 오천 년의 가난을 벗어나게 하고 조국 근대화를 앞당겨 우리가 오늘날 이렇게 풍요롭게 살 수 있게 된 것은 물론 전 세계가 놀랄 경제 대국을 이루어 놓았으니 마땅히 북한산에 있는 바위로 흉상을 세우고도 남을 일은 아닐까.

누가 누구에게 침을 뱉고 누가 누구를 나무랄 수 있을까. 오직 역사는 정직하고 바르게 기록되어야 할 것이다. 하늘이 내려다보고 있다.

헛웃음의 이유

집으로 돌아오는 전철 안에서 간단한 읽을거리를 들여다보고 있었는데 그때 내 앞에 한 젊은 여성이 다가와서 자기는 남편도 없고 아이들과 어렵게 살아가는데, 너무 힘이 든다는 하소연과 함께 껌 한 통을 팔아 달라고 내밀었다.

나는 이 가련하고 딱한 사정을 듣는 순간 읽던 것을 멈추고 불쌍하리만큼 연약하고 불행한(?) 이 여인에게 껌을 팔아 주는 것 이상으로 뭘 도와주고 싶었다. 핸드백을 뒤져 돈을 찾아보았다. 아마도 그녀가 보기에는 내 행동이 많이 답답했던 것 같았다. 나중에 알게 된 일이지만.

마침 잔돈은 없고 만 원짜리 두 장을 꺼내면서 마음속으로는 잔돈이 없는 것은 차라리 괜찮다고 생각하면서 오늘 이 어려운 젊은 여인에게 많지 않은 금액이지만 도움을 줄 수 있는 기회를 감사하는 심정으로 돈을 꺼내서 주려고 하는데 그때 바로 그 여인은 의외로 잽싼 동작으로, 말하자면 낚아채기라도 하듯 재빠른 솜씨로, 아니 이 어둔한 늙은이의 행동이 얼마나 답답하고 짜증이 났으면 마치 나무라기라도 하는 것처럼 돈을 빼앗다시피 낚아채는 솜씨가 꼭 독수리가 봄날 마당에 놀고 있는 병아리를 채가듯 동작은 눈 깜짝할 사이에 이루어졌다. 그때 마침 전철 문이 열리면서 뒤도 안 돌아보고 전철 밖 군중 속으로 종종걸음을 치듯 여인은 사라졌다.

너무도 순간적으로 일어난 일이었다. 이 늙은이의 어둔하고 꾸물(?)거리면서 돈을 찾고 있던 행동을 그냥 보고 있으려니 몹시도 속이 타듯 답답했고 얼마나 짜증스러웠으면 그렇게까지 행동했을까.

민첩하지 못한 늙은이 행동을 그야말로 호되게 야단이라도 치고 싶었을까. 얼마나 짜증이 났으면 신경질적인 행동이었는지도 모른다.

물론 전철 문이 열리는 그 순간과 그녀가 급하게 돈을 빼앗듯이 낚아채는 시간이 모두 우연한 일치가 되고 참으로 잘 맞는 박자가 아니던가.

나는 이 여인의 속전속결로 실수(?)도 없는 행동에 너무도 놀랐다. 아니 감탄했다고 하는 것이 맞다. 아마 혼비백산의 경지가 이런 것이 아닐까 싶기도 하다.

이제는 늙어서 쓸모도 없고 동작도 느린 인간에게 고맙다는 인사를 할 만한 가치도 없음에 이르렀구나.

당당하게 사라지는 그의 모습을 바라보고 있으려니 뭐가 속은 것 같기도 하고 배신을 당한 기분일까, 내가 되려 나의 행동을 반성해야 할 것인지.

저리도 당당하게 사라지는 모습을 보니, 비호같이 빠른 동작! 저 실력은 틀림없는 금메달이라도 딸 만한 실력은 충분했다.

저 여인은 내 마음을 몰라서 한 행동이었을 것이다.

인간의 삶과 사정은 천태만상이라는 것도 모르는 바는 아니다. 혹 집에 떼 놓고 온 어린 아기가 아프거나 열이 심할 수도 있는데 빨리 병원에라도 가 봐야 하는데 내가 너무 꾸물거렸나, 내 행동이 너무 답답했나, 이왕 줄 돈이었으면 좀 더 빨리 줬으면 병원에 빨리 갈 수도 있었지 않았을까.

내가 그의 사정을 모르듯 그 여인인들 내 속을 어찌 헤아릴 수 있었겠나.

나는 오늘 일정을 거의 마무리하면서 감사한 하루를 마감하고 싶을 뿐이었는데, 자꾸만 헛웃음이 나는 것은 무슨 뜻일까.

개나리에 담긴 향기

요즘은 어디를 가나 아파트가 일반화되었으니 집 찾기는 좀 쉬워진 것 같다. 지난날 단독주택 시절에는 주소 쪽지를 들고 집 찾는 사람들을 더러 볼 수도 있었는데 세월이 그렇게 오래된 것 같지는 않은데 벌써 옛 풍속이 되었다.

지금은 아무리 대단지라 해도 아파트 동 호수만 알고 있으면 쉽게 찾을 수 있으니 다행이다. 그런데 요즘 그 편리한(?) 아파트의 이름들을 보면 거의 외래어로 이름이 지어져서 익숙지도 않고 어렵고 낯선데 자세히 보면, 몇 가지 단어가 합쳐져 있었다. 심지어 25글자의 긴 외래어로 합성이 된 아파트 이름도 있다고 신문에 나기도 했다. 그러고 보니 내가 지금 살고 있는 아파트도 8글자인데(쌍용 스윗 닷 홈 리버) 세 가진지 네 가지의 단어가 합쳐진 것이다. 이러니 익숙지 않은 외래어에다 그것도 몇 가지 단어가 합쳐져 있으니 어렵지 않을 수가 있겠는가.

또 내가 몇 번 가 봤던 우리말 아파트가 어느 날 이름이 외래어로 갑자기 바뀌어서 무척 낯설었다. 이상해서 물어봤더니 주민들이 요즘 추세인 외래어로 바꾸자고 해서 바꾸게 되었다고 한다. 돌아오면서 새로 바뀐 아파트 이름은 그사이에 벌써 까맣게 기억도 나지 않고 옛 이름만 입에서 맴돌았다.

그렇다. 아파트 이름을 어렵게 짓는 이유를 시어머니가 찾아오지 못하게 하려고 외래어를 합성해서 어렵도록 만든다고 하는데 며느리가 직접 짓는 것도 아닌 것을 웃자고 한 말이겠지만 시어머니들에게는 자존심도 없나, 아들 잘 키워 놓으니 돌아오는 결과가 너무도 서글펐다. 아니 실망이다. 어찌 보면 온 사회가 나서서 시어머니를 모함하는 것 같기도 하고. 웃음거리로 만들고 있으니.

사실이지 우리말도 알고 보면 아파트 이름으로 얼마든지 적당하고 아름다운 것이 있다. 지금부터 몇십 년 전에 겪었던 감정이지만 친구 따라 개나리 아파트에 갔을 때 그 개나리라는 이름이 얼마나 상큼하고 아름다웠던지 이름에서 개나리 향기를 느끼며 이 아파트에 살고 있는 사람들은 모두 개나리처럼 아름답게 웃는 얼굴로 떠오르면서 그 개나리란 이름이 너무도 마음에 들었던 당시의 감정의 경험을 지금까지도 잊을 수가 없다. 물론 더 아름다운 장미도 있었지만.

괜히 이름을 어렵게 지어서 고부 갈등이나 부추기는 아파트 건축업자들이 원망스럽다. 그렇게 외래어 나부랭이를 써야만 아파트값을 올릴 수 있을까. 그래야 고급스러울까. 하기야 살던 아파트도 외래어 추세에 따라 이름을 고치는데 아마도 그 아파트는 며느리들만 모여서 살고 있는 것은 아닐까.

별것은 아니지만, 시어머니가 아무 데나 쉽게 들먹여지고 시어머니란 존재가 얼마나 불평불만의 대상이었으면 아파트의 괴상한 이름에도 쉽게 웃음거리가 되니 어디 요즘 시어머니는 속도 없는 줄 아나 봐. 나이 들어가는 것도 서러운데 아니 누구는 시어머니가 되고 싶어 되었나. 참 알다가도 모를 일도 많다.

엉뚱하게 아파트 이름에 시어머니를 들먹이고 얼마나 혐오의 존재였으면 시어머니를 고작 그런 무식한 상술이나 알고 보면 생각이 모자라는 작명에 놀림감이 되어야 하는지…. 시어머니도 한때는 똑똑한 며느리였을 때도 있었지 않을까. 세상에는 며느리가 있으면 시어머니도 있는 것 아닌가. 아파트 건축업자들의 우리말 기피증에 시어머니가 왜 상처를 받아야 하는지 바로 우리 사회의 부조리가 이런 것이 아닐까. 지금이 어느 세상인데 아직도 시어머니와 며느리가 서로 반목하고 갈등만 하고 있을 때인가.

세월 가면 며느리도 시어머니가 되고 청춘도 눈 깜짝할 사이에 늙은이가 되기 마련인데 아, 누가 그 세월을 막을 것인가.

이번에 들은 소식이었는데 서울시장이 새로 신축하는 아파트의 이름을 외래어가 아닌 순우리말로 작명을 한다면 건축 일부의 세금을 면제해 준다고 했다니 서울시장의 고민이 바로 시민, 아니 국민의 고민이 아니었을까. 서울시장님의 높은 안목으로 그렇게라도 바꿔야겠다는 정책은 오랜만에 가뭄에 단비 같은 소식이었다.

제발 이제부터는 아름다운 우리말 아파트들이 정답게 동네를 꾸미고 있는 모습이기를 바란다. 개나리 아파트도 향기롭지만, 백년가약, 아파트도 우리말이라서 그렇게 정다울까.

2023. 1.

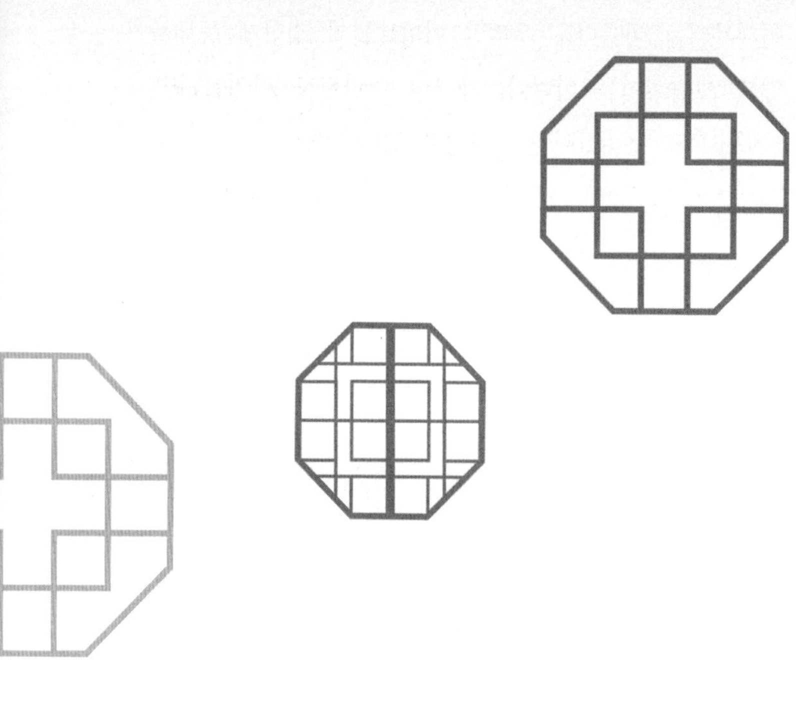

3

허술한 청춘

느려 터진 우편

후배 아들 결혼식이 있어서 W호텔을 오랜만에 찾으니 지난날 수영장을 이용할 때나 친구 사위가 외국인 바이어를 맞으며 예약해 뒀던 방을 장모님 친구들과 이용하라는 제의를 받고 그렇게 즐거웠던 행복한 시간들이며 역시 친구 남편인 양 회장님의 멋있는 배려로 최고의 호텔 정식을 대접 받았던 일들이 떠올랐다. 그때 그 친구들 하며 그 행복했던 시간 속의 그리운 이들은 다 어디로 갔을까. 이런저런 감회가 한꺼번에 그리움이 되어 사무쳤다. 유독 요즘은 어딜 가나 무엇을 만나면 거의 지난날로 이어지는데 이 모든 현상들은 다 나이 탓인가. 행복해야 되는데 오히려 서럽기만 하다.

다시 만날 수 있다는 희망도 보장도 없는 인연들이 가슴을 아리게 했다. 내 마음이 이런데 그 아내인 친구는 오죽할까.

지금까지 내 삶에서 살아온 세월이 얼마나 된다고 이리도 많은 인연들과 만나고 헤어지고 꼭 그렇게 떠나보내야만 했는지 허무하기가 그지없다. 이 좋은 날 새 출발의 환호 속에서 지난날에 사로잡힌 내 자신이 너무도 한심하다. 흐르는 시간은 세월이였고 그 속에서 이따금 영롱한 조약돌이 손에 잡히듯 아름다웠던 그리고 고마웠던 인연들이 그립고 보고 싶으니 추억으로만 간주하고 말아야 하는 건지.

일전에 예쁜 엽서 한 장이 날아왔다. 참으로 하얗게 잊었던 지난 시간들이 다시 찾아온 것이다. 그 엽서 한 장은 내가 나에게 보낸 웃지 못할, 진실로 잊고 있었던 시간을 그때 그 사실을 나에게 다시 돌려준 것이다. 그러고 보니 춥지 않았으니 겨울은 아니겠지, 가을날 같기도 하고 봄날이었나 정확한 기억이 없다. 그때 강원도로 친구들과 무작정 떠난 여행을 하고 있을 때였다.

요즘 국내 여행은 어디를 가도 감동스러울 만큼 좋은 여행이 될 수 있게 여러 가지 아이디어가 빛나고 있었다. 가는 곳마다 그 지방 지역 나름의 특수성이 고려되고 특색을 잘 살렸다고 해야 하나 물론 관광객을 유치하기 위한 최선의 방법이기도 하지만 다 고향을 사랑하고 아름답게 뜻있게 지키고자 하는 아주 성의 있는 노력과 수고로움이 그대로 느껴지면서 보는 이에게 많은 감동을 안겨 주었다.

한번 왔다 간 관광객이나 여행자들은 그 감회를 오래도록 잊을 수가 없는 것도 당연하지만 꼭 다시 찾고 싶을 만큼 그 규모나 아름다움에 매료되어 사로잡힐 수밖에 없도록 최선을 다한 것은 대단히 놀라운 기획과 노력이었다. 독립된 지방마다 성의 있는 고장 사랑이 그대로 모여져서 온 국토가 세계 어디에 내놓아도 손색이 없을 정도로 관광명소가 되어 자랑스러웠다. 원래 강원도는 바다가 맑고 아름답기로도 유명하지만, 산세의 경관도 수려하나 또 다른 감동적인 여러 가지 중에는 '느린 우체국'이란 새롭고 재미있는 것도 있었다.

편지는 빠르면 빠를수록 값도 비싼 것이 정상이지만 여기서는 느린 우편이라니 옥호처럼 편지를 부치면 천천히 그것도 일 년(?)이 넘어야 받아 볼 수 있다고 했다. 편지를 보내고 일 년 후에나 받을 수 있다는 것이 무슨 의미가 있겠나! 같이 간 친구들은 흥미 없다면서 그냥 지나치는데 나는 어쩐지 한번 부딪혀 보고 싶은 호기심에 그 자리에 혼자 남아서 편지를 쓰기 시작했다.

나에게 쓰는 것인지 남편한테 쓴 것인지 싸잡아 하고 싶은 말을 즉흥적으로 퍼붓듯 갈겼다. 뭘 생각하고 감정을 정리할 겨를이나 여유도 못 되고 무조건 일행과 떨어지지 않으려면 빨리 써야 했다. 시간에 쫓기니 사실 쫓길 것도 없는데 내용은 그야말로 횡설수설이 되면서 엉망진창이 될 수밖에 없었다. 참 평생에 이런 황당무계한 편지도 다 써 볼 줄이야.

이 편지를 혹여 받지 못한다 할지라도 아니, 우편 사고로 다시는 받을 수 없어도 아쉬울까.

용기를 내서 급하게 평소 하지 못한 격한 고백(?)도 해 보고 불만도 하고 그야말로 내 본심인지 정확하지는 않아도 일 년 후 나에게 무슨 변화가 있겠나 아니, 있다면 어쩔 건데. 그러나 일 년 후에 과연 나를 잊지 않고 찾아 줄까, 좀 우습기도 하고 믿기지도 않고 두루 복잡함이 얼핏 생각 속으로 사로잡히다가 사라진다.

옆에 우체국 직원이라도 있어서 확실한 다짐을 받은 것도 아니고 무인 우체국에서 반신반의의 심정으로 갈겨 쓴 내 투정 같은 고백을 다시 읽어 볼 겨를도 없이 무엇을 썼는지 확신도 없고 기억도 없는 엽서를 우체통에 던졌다. “에라 모르겠다.” 이것이 전부고 끝이었다.

그동안 세월이 갔는지 왔는지 까맣게 잊어버린 것도 사실이다. 내가 기대를 한 것도 아니고 그저 방법 정도의 게시된 문구만 읽어 보고 무응답에 재미없는 내 작은 호기심 정도의 행동이었을 뿐인데 그 불분명함이 이제 나를 향해 그것도 정확히 찾아와서 황량하고 재미없는 이 계절에 거짓말처럼, 기대는 물론 기억도 안 했는데 기다리기는커녕 잊고 살았는데 나를 이토록 감동케 하다니.

그렇다면 그 고마웠던 아니, 아름다웠던 나의 인연들은 어찌하여 다시는 연락도 없고 돌아온다는 소식 한번 없을까. 그토록 가는 곳마다 새록새록 그리워서 나는 몸부림치는데 쪽지 같은 엽서 한 장도 거짓말처럼 다시 찾아주는데, 그렇게 보고 싶고 기다려지는 당신네들은 도대체 얼마를 더 기다려야 되는지. 그곳의 느린 우편은 백 년을 기다려야 하나, 천 년을 기다려야 하나.

2023. 2.

빈 둥지 증후군

이번에 나는 좀 늦은 감은 있었지만 질병에 관한 공부를 할 기회가 있었는데 '빈 둥지 증후군'이라는 새로운 질병이 있다는 것을 처음 알고 적잖은 충격을 받기도 했다.

코로나처럼 전 세계 인류를 덮치는 전염성 같은 것은 분명 아니지만, 증후군을 가진 질병 자체를 표현한 빈 둥지란 말이 처음에는 무엇을 의미하는지 금방 알 것 같으면서 가슴에 와 닿는 아픔 같은 것이 먼저 밀려들었다. 어쩌면 그것은 슬프게 와 닿는 충격이었다. 노인들에게만 고통을 주는 고질적이면서 도저히 그냥 가볍지 않은 증세의 질병임에는 틀림이 없었다.

증후군이라면 몇 가지 증후가 함께 나타나는 것이기에 매우 난감하기도 한 까다로운 질병인 것은 틀림없어도 박테리아나 바이러스의 문제도 아니라는 것은 분명하다. 그 질환의 원인은 보통 일반 부모들에게 일상적인 세월 따라 연령이 쌓이면서, 노년을 맞으면서 자연스럽게 겪게 되는 아주 환경적인 변화에서 생기는 질병이라 할 수 있지 않을까. 그러나 그 고통은 상상할 수 없는 개인차가 있었으며 일종의 정신적인 질병인 것은 틀림없었다. 늙으면서 할 일은 없어지고 특별한 취미나 마음을 쏟을 곳이 없어지니 상실감과 외로움 등으로 정신은 고갈되고 심한 우울감에 사로잡히기도 하는 정신적인 고통이 육체적인 질병과는 또 다른 심각한 고통과 괴로움이 있다는 것을 보면 개인차도 있고 매우 심각한 경지는 물론이고 심지어 치매까지도 이어질 수 있다고 했다. 그렇게 될 확률이 매우 높다고 하니 더 걱정이 된다.

세상 모든 부모들은 자식을 키우고 돌보고 뒷바라지하고 그 자식을 위해서는 어떤 희생도 달게 받을 수 있다는, 특히 우리나라 어머니들에게는 당연하거나 너무도 보편적인 상식 같으니 그 깊이는 어느 누구도 그 양과 부피를 다 측량하기는 어려웠다.

그 당연함은 때로는 지나칠 정도로 도를 넘을 만큼(?) 뜨거운 사랑과 희생과 정성으로 최선을 다하는 부모들이지만 그 무모할 정도의 사랑과 일념이 크면 클수록 부모들은 더 아픈 빈 둥지 증후군을 앓을 것이 분명하고 당연한 사실은 불 보듯 뻔하다.

흔히 이런 말도 있지 않는가.

눈에 넣어도 아프지 않은 내 새끼(자식)!

얼마나 혼신을 쏟은 어머니의 심정인가, 어머니의 자식 사랑의 단면인가. 그 위대함은 바로 우리들 부모의 사랑의 방식이 아닌가. 지금이야 부모도 부모 나름이지만.

새벽밥을 지어서 도시락을 정성으로 챙겨 보내고 늦게 돌아오는 아들을 기다리며 자식의 저녁밥이 식을까 봐 오매불망 애태우신 우리 어머니의 지고지순 사랑은 오직 저 하늘이나 알아줄까, 누가 알아준단 말인가.

이런 눈에 넣어도 아프지 않은 금쪽들은 성장하면서 결혼도 할 것이고 마땅히 독립해야 하고 자연히 도시로 진출이든 직장따라 떠날 것이다. 또 자식들도 새로운 둥지를 마련할 수밖에 없는 것은 당연한 수순일 뿐이지만.

그 눈에 넣어도 아프지 않은 금쪽들이 떠난 빈 둥지에 늙은 어머니는 점점 자기도 모르는 사이에 그리움에 쌓이다 보면 상실감과 외로움의 무덤(?)이 될 수밖에 없었다.

자연히 늙은 어머니는 빈 둥지에서 겪어야 하는 외로움이며 어려움이 얼마나 심각했으면 그토록 병이 되어 국제 의학계에서는 정식 질병으로 빈 둥지 증후군이라는 어마어마한 이름을 지어 질병으로 인정하고 질병으로 등록까지 했으니.

전통적인 우리의 가족 제도에서는 상상도 할 수 없었지만 오늘날의 시대 양상은 무서울 만큼 급격한 변화에 눈부신 발전이건만 최첨단의 과학적 시스템은 노인들을 바보로 만들고 있다고 해도 과언은 아닐 것이다.

당연한 독립이고 또 엄연한 시대적 소명이지만 늙은 부모는 도저히 적응할 수도 없거니와 이해를 못한다. 이토록 소외된 노인들이 겪는 외로움이 얼마나 심각했으면 지금은 모두 빈 둥지 증후군을 앓고 있을까.

빈 둥지 증후군은 알고 보니 매우 심각한 질병이었다. 그러나 나와는 별 상관없는 질병인 줄 알고 있었는데 생각해 보니 점점 동정이 가고 스스로 이해가 되면서 그럴 수도 있겠구나 싶었다.

나라고 이 무서운 병에 걸리지 말라는 법도 없을 것이고 복잡한 생각에 잠길 수밖에 없다. 스스로 슬퍼지는 것은 웬일일까. 무슨 뜻일까. 난들 빈 둥지 증후군에 걸리지 말라는 보장도 없을 것이고 세월은 가는데 그렇다고 가는 세월 막을 수도 없고.

내년 단풍은 놓칠 수 없다

좀 늦었나! 거창한 것은 아니지만 그냥 한번 도전해 보고 싶어서 가벼운 마음으로 전혀 새로운 분야이지만 공부 한번 해 볼 생각으로 시작했다. 실은 나빠진 남편의 건강이 가장 큰 이유이기는 했지만, 이왕 마음먹었으니 지금 내 자신 역시도 기억력이 날로 온전치 못한 것도 사실이다.

금방 듣고도 날짜를 되물어야 했고 물건을 둔 곳을 자주 잊어버리기 일쑤이니 이대로 그냥 앉아서 치매(?)를 맞기보다는 두뇌운동이라도 해 보는 기회를 만드는 것도 괜찮을 것 같아서 참여하게 되었다.

이 사실을 알게 된 가족은 물론 주위에서는 특히 친구들이 그야말로 질색팔색을 했다. 아니, 이 나이가 돼서 우리에게 시간이 얼마나 남았다고 잘 놀기만 해도 하루하루 가는 세월이 아까운데 이제 와서 공부는 무슨 공부냐고.

저 단풍 다 떨어지면 내년에 우리가 다시 볼 수 있다는 보장이 있기는 할까, 그 장담을 누가 할 수 있겠냐며 나무랐다. 말은 백 번 맞는 말이다.

올가을 즐거운 단풍 구경을 떠나지 못하게 된 친구들에게 진실로 미안하다.

강의 시간은 3종류 중 선택이었다.

오전 9시에 시작해서 오후 5시 30분에 끝나는 주간반.

또 한 종류는 줌으로 하는 강의는 오히려 더 자유롭지 못했다.

다음은 직장인을 위한 오후 5시 30분부터 밤 9시 30분 야간반이었다.

가만히 생각해 보니 낮에 하던 일을 계속할 수도 있고 친구들과 모임도 이따금씩 계속할 수도 있으니 오히려 나에게는 야간반이 좋을 것 같아서 야간반으로 정했다. 단지 늦도록 강의를 들어야 하는 어려움도 있겠지만 그 정도쯤이야 참을 수 있지 않을까? 아니, 참아야지.

첫날 가서 앞에서부터 규격화된 용지에 생년월일과 이름을 쓰는데 나는 내 차례에 38. 10. 15. 장영교까지 또록또록 썼는데 지도 교수님이 훑어보시더니 잘못되었다고, 고칠 수는 없다면서 다시 쓸 수밖에 없다고 새 용지를 가지러 가는 소동(?)이 잠시 있었다.

난데없이 그것도 생뚱맞게 38년이라니….

물론 금방 사실은 확인이 되었고 해프닝으로 끝은 났지만, 앞에서부터는 78년 68년 58년 정도로 써 내려왔으면 그 근방에라도 가든지 있든지 해야 하는 것이 아닌가. 한참 떨어진 38년이었으니 이것은 분명 틀렸고 잘못 쓴 게 틀림없다고 판단한 것은 그렇게 이상할 것 같지는 않았다.

그 바람에 나이는 본의 아니게 들통이 났고 한바탕 웃음거리는 되었지만, 이구동성으로 그렇게 보이지 않았다고 야단들이었다. 이미 먹은 나이를 어쩌겠는가. 물들이지 않고 하얀 백발로 앉아 있었으면 내 나이를 제대로 봤을까.

역시 공부하기란 쉬운 일은 아니었지만 새로운 것에 대한 도전(?)은 재미도 있었다. 나이 많다고 시작하지 않았다면 많이 후회할 뻔했다. 지금 생각해도 힘은 들었지만 시작하길 참 잘했다. 금년을 마무리하는데 그래도 가치 있는 한 가지를 추가할 수 있는 덕목이 되었다.

9월에 시작해서 10월 11월까지 3개월인데, 처음 시작할 때는 좀 아득했는데 지나고 보니 이제 며칠밖에 남지 않았다. 가을을 완전히 잃은 안타까움도 없지는 않지만, 시작이 반이란 말이 만고에 명언이고 명답이란 것을 절실하게 깨달았다. 작은 도전이지만 다 살아 있다는 사실에 다시 한번 더 감사할 뿐이다. 친구들이 기다리는 내년 단풍 구경은 놓치면 안 되겠지.

2022. 11.

사랑할 수밖에 없는 이유

강물을 보고 있으면 우선 가슴이 시원하게 뚫리는 것 같아서 좋다.

저녁까지 먹고 나서 내려다보고 있으면 모든 피로가 한꺼번에 다 풀린다. 이보다 더한 휴식이 있을까 싶다. 밤중에 잠을 놓치거나 생각이 풀리지 않을 때 멍하니 검은 강물에 어리는 불빛에 끌려 또 다른 생각으로 헤어날 때가 얼마나 많았던가.

물론 강이 좋아 여기까지 이사를 온 것도 대 역사(役事)이지만 내가 살면서 선택한 것 중에 가장 괜찮은 선택이 아니었을까.

강은 바라보는 것도 좋지만 강을 따라 걸어봐야 그 진가를 속속들이 알 수 있다. 지천으로 핀 풀꽃들은 어린 시절 고향에서 이미 인연이 있어 그렇게 반가울 수가 없었다. 이름은 일일이 다 기억할 수는 없어도 친구들과 꽃다발도 만들고 꽃반지도 서로 나누었던 아름다운 추억이 있었다. 꽃보다도 더 예쁘던 소꿉친구들. 지금은 어디서 어떻게 늙고 있을까. 아직도 살아 있기는 할까.

강 따라 걸으면 지칠 줄 몰랐는데 요즘은 점점 힘들어서 쉬었다 걸었다 한다. 항상 맘껏 즐길 수 있었던 사색의 장이었고 최상의 심신단련도장이기도 했는데,

강은 변함이 없는데, 꽃들도 계절마다 어김없이 이야깃거리를 만들어 주었는데, 이제는 여름날 드리워지는 먹구름처럼 서서히 다가오는 것은 걷다가 쉬다가를 자주 하면서 힘이 든다.

언젠가는 걷지 못하는 날도 오겠지만 나는 계속 즐겨 찾을 것이다. 이 아름다운 강가에서 그 많은 풀꽃과 나눈 이야깃거리는 나의 삶을 언제나 신선한 호기심으로 채워줬고 나름 의욕으로 부추겨 그 많은 이야기를 쓰게 했고 그림을 그리게 했으니 얼마나 행복하고 고마운 한강인가. 나에게 주신 최고의 선물이며 보람이며 내 인생에 이보다 더한 보석 같은 선물이 어디 또 있을까.

아름다운 강물에 황혼이 물들면 나는 이 풍경이 너무 좋아 윤슬을 따라 외로움도 즐기고 깊은 나만의 생각 속을 더듬는데 갑자기 커다란 물고기 한 마리가 위로 뛰어오르면서 멋진 몸짓으로 인사를 했다.

"아름다운 여인님, 안녕하세요 강을 사랑해 주셔서 고마워요. 나도 강을 잘 지킬게요. 또 만나요."

비늘을 번쩍이며 금방 사라진 모습이 아쉽게 헤어진 연인 모습처럼 아련한 해 질 무렵이었다.

나는 한강을 사랑할 수밖에 없었다.

카톡 마당에서 보석 줍기

많은 사연을 카톡으로 보내오지만 다 읽지는 못하고 있다. 그 중 어느 의사가 쓴 실화를 만났는데 마음도 울컥했지만 한참 동안을 깊은 감동의 늪에서 헤어나지 못하고 있었다.

어느 날 병원에 의사가 출근도 하기 전에 벌써 와서 손의 상처를 빨리 치료해 달라고 80대 노신사가 바쁜 일이 있다면서 다그치고 있었다. 그는 시계를 연신 들여다보면서 안절부절 초조한 모습이 보기에도 안타까울 정도였다.

"그렇게 서두르시는 걸 보니 혹시 다른 병원에 예약이라도 있으신가요."

"아닙니다. 요양원에 있는 제 아내와 아침 식사를 매일같이 하기 때문입니다."

"부인의 건강 상태는 어떠신데요."

"예 부끄럽네요. 제 아내는 알츠하이머를 앓고 있어서 요양원 신세랍니다."

"어르신께서 약속 시간이 조금이라도 늦으면 부인께서 많이 언짢아하시나 보죠."

노신사의 답은 의외로 뜻밖이었다.

"아닙니다. 선생님, 아내는 남편인 나를 전혀 알아보지 못 한 지 벌써 7년이 넘었습니다."

의사는 깜짝 놀라 다시 물었다.

"부인께서는 선생님을 알아보지 못하는데도 매일 아침 식사상을 같이 하신단 말씀입니까?"

노신사는 부끄러운 얼굴로 미소를 지으며 조용히 속삭이듯 말했다.

"아내는 나를 몰라보지만 나는 아직 아내를 알아보거든요."

의사는 노신사가 치료를 받고 병원을 황급히 떠난 뒤 흐르는 눈물을 주체할 수 없었다고 했다.

그 노신사를 통해 사랑의 참된 모습, 진실한 사랑을 발견했고 참사랑을 배울 수 있었다는 기쁨에, 전신에 소름이 돋았다고 했다. 진정한 사랑이란 육체적인 것도 아니지만 로맨틱한 것도 아닌 것을 가르쳐 주었다.

참다운 사랑이 무엇인가, 어떤 것인가를 보여 준 노신사의 고귀한 사랑이었다.

사랑이란 받는 것이 아니라 철저히 주는 것이라는 사실을 가르쳐 준 귀중한 교훈이었다.

너무도 아름답고 진실한 사랑을 카톡 마당에서 찾았다.

2021. 4. 25.

출발! 그 시점은 어디서부터일까

보통 출발 또는 새 출발이니 첫 출발이라고 하지만 이것은 다 시작이란 뜻인 것 같은데 그렇다면 우리 인생은 과연 어디서부터가 출발이고 새 출발이란 말인가.

엄격히 따지자면 어머니로부터 태어나던 그날이 사실은 인생의 시작이었고 출발이건만 아무도 그날 태어난 아기를 보고 출발이니 새 출발이라든가 첫 출발이라고 하는 이는 없는 것 같다.

그런데 그 새 출발이라는 용어가 아니 표현이 시작되는 날이 있었다. 초등학교 입학식 하는 날 교장 선생님 축사에서 오늘 여러분의 첫 출발을 축하한다는 메시지가 뚜렷했다. 아마도 엄마 아빠들 가슴에는 이만한 감격의 첫 출발이 어디 또 있겠는가.

배움이 인생에서 얼마나 중요했으면 인생 출발은 탄생의 그 시점도 아니고 오직 배움 앞에서만이 진짜 시작이고 출발인 듯하다.

또 결혼식장에 가 보면 신혼부부의 탄생을 모두 새 출발의 상징처럼 새 출발을 축하한다고 외쳤다. 신혼부부의 첫걸음이야말로 가장 의미 있는 첫 출발이 아닌가. 지금부터 인생은 심오한 배움의 길이 시작되는 것이라고 할 수 있으니. 그뿐인가 취직을 해서 첫 출근 하는 날도 새 출발이라고 한다. 일할 수 있고 상응하는 대가를 받을 수 있는, 자신의 가치를 펼칠 수 있으며 한 인간으로서 독립할 수 있다는 점일 것이다. 여기서 인간이 배움으로 성숙되는 기본이 아닐까.

또 그뿐인가. 정년퇴임을 하고 놀던 가장이 새로운 일거리를 찾아서 '이제 다시 출발이다' 외치면서 집을 나서는 그 출발이야말로 가장 가치 있고 감동적인 새 출발이기도 하다.

그러고 보면 인생 마디마디가 다 첫 출발이고 새 출발이며 의미 있는 출발이 아닐 수 없다. 심기일전 된 사실들은 새로움의 수없는 창출이자 인생을 출발의 기점으로 다시 세우고 있었다.

오늘 손자가 수능 시험을 보는 날이다. 여기도 새 출발이라고 온통 길거리마다 유명 정치 인사들이 축하 현수막을 걸어 놓고 수능에 임하는 고3 학생들의 첫 출발을 축하한다고 요란을 떨고 야단이다.

새 출발! 어디서든지 시작은 다 출발이고 새 출발이 될 수 있다는 것이구나.

고3을 둔 학부모들은 자식의 새 출발을 위해 그동안 얼마나 고심하면서 뒷바라지에 힘들었을까. 다시 머리가 숙어진다.

종일 손자를 위해 기도하면서 온 신경을 곤두세우고 있었는데 오후 늦게야 수험생 손자가 시험 끝났다고 전화를 했다.

"할아버지, 이제 끝났어요. 최선을 다했습니다. 그동안 격려 감사합니다."

너무도 의젓했다. 이것이야말로 첫 출발의 의지가 굳건한 보고였다.

"오냐, 최선을 다한 것이 가장 중요하다. 수고했다. 장하다, 우리 손자."

저녁 늦게 딸의 전화가 왔다.

"엄마 이제 겨우 하나 시작했는데 너무 힘들어요."

어미와 똑같이 삼 남매를 둔 딸이 피곤함에 지친 응석 섞인 하소연이었다.

"오냐, 그동안 뒷바라지하느라 얼마나 힘들었느냐, 수고했다. 너는 지금부터 시작이로구나 나는 감사하게도 30여 년 전에 다 끝냈구나. 하하 아직도 그때 기억이 생생하다."

딸은 엄마를 닮는다더니 우리 딸도 똑같이 삼 남매를 두었다. 차례도 틀리지 않게 아들, 아들, 딸이다. 오늘 그 첫째가 말하자면 첫 출발의 스타트를 끊은 것이다.

지금부터 수많은 새로운 출발로 손자들은 인생을 만들어 갈 것이다. 한강이 멈추지 않듯 세월은 끊임없이 흘러가고 그동안 입시제도 역시 바뀌기도 했지만 '입시 추위'란 말이 생길 정도로 수능 시험 보는 날은 어김없이 한파가 몰아쳤는데 오늘 이만하면 따뜻하고 포근해서 금년은 새 출발하는 수험생들에게 내린 축복이 아닐까, 감사했다.

앞으로 있을 수많은 새 출발 앞에서 그들의 무한한 역량을 마음껏 발휘할 수 있는 광장에 웬만한 장애물 정도는 이겨나갈 수 있는 출발! 새 출발이 될 수 있기를 간절히 바라는 마음뿐이다.

허술한 청춘

계절이 바뀐다는 사실을 어찌 피고 지는 꽃들의 탓이라고만 할 것인가. 친구도 그렇다 만날 때는 어느 계절이었는지는 가늠할 수도 없었지만 헤어질 수밖에 없었던 것은 친구 역시 인생의 계절을 따라 떠난 게 아닌가.

한때는 오뉴월 메뚜기 못지않게 바쁘기도 했고 하는 일에서 해방되고 싶었을 때도 있었지만 아마도 그때가 그래도 가장 우리 인생의 절정이 아니었나 싶다. 지금 돌아봐도 재미도 있었지만 그 허술하기 짝이 없던 여러 가지가 다 청춘의 계절이 아니었을까 생각하니 지난날을 다 청춘이라고 한들 누가 뭐라고 나무랄까마는.

그때 가장 관심이 많았던 것 중에는 고작 좋은 옷을 마련하는 것이라고 했다면 너무 단순하고 유치했을까. 사실인데…. 그다음은 어디로 떠나고 싶은, 현실을 도피하고픈 심정으로 가득했던 것으로 생각된다.

책은 언제 읽고 교양은 어떤 방법으로 쌓았는지, 그러나 서점 출입도 그때가 그래도 어쭙잖게 빈번했던 것도 사실이다.

그 총중에 코트 하나씩 똑같이 맞춰 입었던 추억 한 조각이 철은 없어도 재미있고 사무치게 그리워지는 것은 단순한 추억이라기보다는 매우 의미도 있었다면 있었고 말릴 수도 없는 용기도 있었다는 것이 새삼 그리운 내 인생의 단면이기도 했다.

이제는 오래도 입었으니 버릴 만도 한데 다시 계절은 돌아오고 여전히 그 편안함에 이끌리고 또다시 걸쳐 보니 그리워서일까, 지난날 사연과 함께 친구와 추억이 옷에 그대로 물씬 배어 있었다. 그립다 못해 포근함으로 나를 감싸 안고 그때 그 시절로 날려 보내 주는 게 아닌가.

친구라면 언제라도 불러내고 다시 만나고 연락도 자주 할 수 있지만 그리운 친구야말로 다시는 만날 수도 없고 보고 싶어도 볼 수 없는 추억의 친구가 될 수밖에 없으니 더 사무치게 그립다.

살아만 있어도 그때가 아름다웠던 지난날이라고 이토록 애절하게 못 잊어 가슴 저릴까, 다시는 만날 수도 볼 수도 없으니 더 애달픔 뿐인가.

그냥 무심한 계절은 어김없이 돌아오고 있었다. 변함없이 다시 꺼낸 낡은 코트를 걸쳐보니 그때 옷다운 옷 하나 장만하자고 둘이서 단단한 각오로 나섰던, 마음에 들 때까지 찾고 바꾸고 망설이기를 누가 봐도 신중하게 보이거나 아니면 세심해서 별나게 까다로웠다고 했을 것이다.

옷 한 가지 장만하는데 적지 않은 시간과 노력과 지혜를 다 동원했다고 하는 것이 가장 맞는 말일지도 모른다.

너무 많이 걸어서 다리는 끊어질 정도로 아팠고 어쩌면 젊었기 때문에 할 수 있었던 열정인지 아니면 낭만이었는지, 그렇게 피곤해하면서도 명동칼국수로 허기를 달래면서 온 하루를 명동 바닥을 헤매고 다닌 것은 꼭 옷을 맞추는 일뿐만은 아닌 것 같았다. 다른 이유라면 우리는 마음이 맞았으니 우정이라는 아름다운 손을 잡고 좋은 이야기가 끝이 없었으니 그만한 열정이 어찌 그칠 수가 있었겠나 싶다. 아니, 시간 낭비라고 해도 차라리 자랑스러웠다.

아닌 게 아니라 마음에 없는 친구와 그런 시간을 보낼 수가 있었을까. 그건 말도 안 되지만 생각도 할 수 없는 일이다.

옷도 옷이지만 옷을 핑계 삼아 그토록 객기 같은 우리들의 시간은 지루한 줄도 모르고 정신을 팔고 다녔으니 옷다운 옷이 생기고 우정 같은 우정을 쌓을 수 있었는지.

양장점 백 여사 샵에서 최종적으로 낙찰(?)을 보기까지도, 둘이서 마음이 맞아 합의를 이루고 결정을 할 때까지도, 물론 완성된 옷을 입고서도, 서로 만족해서 좋아하다가도, 조그만 꼬투리 하나만 잡았다 하면 그 자리에서 또다시 용서가 되지 않았다.

까다롭기가 하늘을 찔렀다. 아니 까탈스럽기가 고양이 발톱 저리가라였다. 무슨 객기를 그렇게 부렸는지, 얼마나 민감했는지, 그것이 청춘의 특권인지 트집이었는지, 그래야만 청춘이었는지.

그때 그 철없었던 행동하며 천방지축 기질들은 도대체 무엇을 믿고 그랬을까. 그것이 젊음이란 말인가. 그것이 청춘이었단 말인가. 지금은 이해도 안 된다.

그렇지 않았다면, 아주 교양 있는 청춘이었다면 그 많은 사연들이 만들어질 수도 없었을 뿐 지금 와서 다시 그리운 추억이 되어 그 시절을 못 잊어, 추억을 못 잊어서 낡은 옷 한 가지가 이리도 소중할 수가 있겠나.

옷가지 하나도 그냥 쉽게 사서 입고 말았다면 우리에게 청춘은 메마른 청춘에 불과했을까, 그냥 그렇게 기성복이나 사서 입었다면 진정하고 돈독한 우리의 우정을 모르고 지냈을까, 그 애틋한 사연이 없었다면 친구 생각에 몸부림치는 그리움이 다시 찾아 왔을 것인가.

강산도 변했고 청춘의 오욕 같은 정열도 세월 속으로 그냥 묻히고 말았겠지.

애착이 절로 갔겠나. 즐겨 입는 이유는 분명한데 단순히 편안했고 또 정이 들어서가 전부일까. 더 큰 이유가 있었다면 그것은 친구와 철없이 보낸 시간들이었지만 아름다웠던 우리들의 짙은 사연이 담긴 우정이었을 것이다.

올해도 계속 입기로 했다. 그냥 마음이 편하다. 버리거나 그만 둘 생각은 전연 없다. 이런 것은 다 나 혼자만의 생각이고.

친구는 원래 소문난 멋쟁이였고 옷이 많아서 벌써부터 그 옷을 입는 모습을 보여 주지도 않았지만 지금쯤은 저도 생각이 있다면 추억의 코트를 입고 펄럭여 보고 싶지 않았을까.

그 옷에는 우리들의 청춘이 녹여진 짙은 우정이 배어 있었고 많은 사연들이 있었다는 사실을 친구인들 어찌 잊었겠나.

유행 같은 것은 처음부터 생각해 본 것도 아니지만 식구들도 이제 그만 입으라고 하지만 낡은 옷 한 벌에서 나는 지금도 너의 진한 냄새에 푹 파묻혀 있는데.

가을강

요즘 강을 따라 걸어보면 새로운 흥취에 젖어들 때가 많다.

계절이 바뀔 때마다 새로움을 연출하는 자연의 변화무쌍은 언제나 별다를 것이 없는 계절 맞이 같은데도 하나하나 눈여겨볼수록 참으로 심오한 철학이 있는가 하면 미학의 근거를 발견하기도 한다.

나는 봄이 사계절 중에서 가장 많은 변화와 기막히게 놀라운 창출을 하는 계절인 줄로만 알았는데 여름도 겨울도 다 그들 나름의 무궁무진한 비밀의 세계를 만들어 가고 있음이 어째서 이제야 보이게 되었는지.

어젯밤에 벌써 서리가 왔는가 보다.

강가를 무성하게 덮었던 덩굴들이 가만히 보니 비슷할 것 같았던 몇 종류가 서로 엉켜 있었다는 것이 금방 구별이 되었다.

어제까지도 괜찮았는데 단 하루 만에 유난히도 위로 고개를 쳐들고 있었던 종류는 서리에는 약한지 모두 슬프게도 고개를 숙이고 생을 마감하는 비감한 모습이 되었는가 하면 아직은 얼마든지 이 가을을, 이 청춘을, 이 첫서리쯤이야 하고 더 즐길 수 있다는 자부심까지 내비치는 종류도 있었다.

모든 식물은 서리에 일갈의 피해를 한꺼번에 다 입는 줄 알았는데 식물도 생물체이다 보니 아무리 일년초이지만 나름 연령의 차이를 가질 수도 있겠지. 우리 인생 나이도 오십도 있고 백도 있듯이.

이름도 알 수 없는 풀 넝쿨들이 서로 모여서 아니 서로 엉켜서 숨 막혔던 무더위도 무서운 칠흑 장마에도 함께 서로 부둥켜 잡고 안고 보냈건만 어젯밤 첫서리 한 방에 유명을 달리한 친구들이 되어 버린 것이 아닌가. 이 또한 넝쿨 무상이던가.

그 비슷하기만 했던 넝쿨들은 이제 보니 여러 종류였다. 서로 모여서 덩쿨을 치면서 풀숲을 만들었고 강을 돋보이게도 했다.

또 기막힌 사연은 언덕으로 커다란 나무들이 즐비하게 서 있는데 튤립나무 아카시아 버드나무 등에 넝쿨들이 매달려서 타고 올라 온통 나무 하나씩을 완전히 장악했다고 해야 하나, 풀 넝쿨로 나무 끝까지 기어올라 둘러쌓고 덮어 버렸다. 그 속에 파묻히다시피 된 나무는 햇볕 한 점도 못 볼 지경으로 이름도 성도 못 알아보게 되었다. 방역 마스크는 문제도 아니었다.

하늘도 볼 수 없게 꼭 이불보라도 덮어씌운 것 같았다. 감옥이 따로 없었다. 보기에도 너무 안타까웠다.

인간이나 식물이나 서로가 도우며 살아야지 저토록 매달려서 피를 말리고 그 속의 나무는 생육에도 지장이 얼마나 클까. 도대체 저 괴롭힘은 무엇일까.

무뢰한 저 꼴은 도저히 용납이 안 되지만 그 대책 없는 철부지 같은 넝쿨들의 횡포는 미워서 도저히 용서가 안 되었는데 다행인 것은 그 넝쿨들은 하나같이 서리에는 한없이 약한 것 같았다. 하룻밤 첫서리에 그들은 모두 잎은 다 떨어지고 지금은 마르고 가는 줄기만 남아서 꼭 대청에 쳐 놓은 발처럼 걸려서 흔들리고 있을 뿐이다.

나무들은 여름 동안 얼마나 힘들었을까. 아무리 귀여운 딸이라도 아빠 팔에 매달려 재롱을 부린다 해도 몇 분을 못 참는데.

인간으로 보면 서로를 괴롭히는 경우가 어찌 한둘이겠는가.

사상과 이념이 달라도, 부모 자식 간의 갈등도, 사람과 사람 사이의 그 많은 갈등은 이루 말할 수도 없기는 매한가지가 아닐까.

넝쿨 식물들이 나무의 생육을 방해하고 감옥을 만드는 것을 보면 이 또한 인간과 다를 바가 없는 것 같다. 어떤 대책은 없는지, 낫으로 싹둑싹둑 잘라 주고 싶은 마음은 있어도 우리의 힘으로는 감당키 어려운 일이다.

이 안타까움은 나만의 생각일까.

강을 좋아하고 걷기는 나의 주특기 운동인데 그동안 많은 계절을 몇 해째 섭렵했건만 서 있는 더구나 살아 있는 나무를 저렇게 괴롭히는 넝쿨은 처음 보는 것 같다. 나는 여기서 저런 넝쿨들의 횡포를 본 적이 없었는데 올해는 무슨 변고인 것 같다. 어쩌면 인간 세상 현실의 상처를 보는 것 같기도 하고.

아름답기만 한 저 강물은 이런 사정을 모르고 있었을까. 그럴리가 있겠나. 알아도 내년이나 혹 홍수로 쓸어버릴 계획 정도? 하기야 겨울의 혹한도 있지만.

말없이 흐르는 저 강물이 강가에 아름다운 꽃만 보겠나. 애절한 모습으로 목을 매는 저 갈대의 사연도 있는데.

넝쿨처럼 큰 나무들을 괴롭히고 힘겹게 하는 저 상식 이하의 넝쿨들의 비정상적인, 꼴 같지도 않은 꼴도 틀림없이 보고 있을 것이다.

산책하는 아름다운 연인들의 속삭임도 들었을 것이고.

이제 곧 무서리가 치고 반짝반짝 가을별을 이고 떠나는 저 강물은 어떤 말을 남기고 약속을 대신할까.

안타까운 사랑

키프로스 코트디부아르 키리바시 코모로 투발루 기니비사우 코소보 등 이외에도 더 있는데 이 이름들은 하나같이 생소하기에 어디 쓰이는 물건인지 아니면 무엇을 의미하는지 나만 모르고 있었을까, 다른 사람들은 알고 있을까, 옆에 물어보니 셋은 나라 이름이고 다음은 모르겠다고 했다. 왕년의 지리박사(?)도 할 수 없는 것 같았다.

사실 이번 도쿄 올림픽에 참가한 국가들인데 이 낯선 이름들은 지구상에 있는 나라 이름이었다. 나는 처음 듣는 나라들이다. 그냥 생각해도 무식함을 면할 길은 없었다. 이뿐만 아니라 모르는 나라는 더 있었으니 UN에서 발표한 195개국들 중에는 낯선 나라가 많을 수밖에 없었다.

한때는 세계를(?) 여행한다고 지도를 펴 들고 다니기도 했건만 이제 와서 보니 다 부족한 공부가 되고 만 것 같다. 이들은 지구상에서 분명 우리와 같은 상품도 함께 사용하면서 소비하면서 어깨를 겨루는 나라들임에는 틀림이 없는데, 그들이 사용하는 것도 국내 유수한 전자 제품이며 자동차까지도, 이들은 곧 우리의 경제 부흥에 많은 기여를 한 소비 공동체를 공유한 국가라는 것도 그들이 사용하고 있는 물건들을 보면 금방 알 수가 있다고 했다.

나라 이름들이 너무도 생소해서 신생 국가인가 했더니 그건 아니었다. 우리 못지않은 깊은 역사를 갖고 있는 나라도 있었고 UN에 가입한 것은 물론이고 올림픽에도 참가한 기록이 만만찮게 오래전부터였고 단지 메달 권에 들지 못한 정도일 뿐이었다.

나는 이들 나라가 다 가난하거나 미개국이라고는 생각지 않는다. 일찍부터 올림픽에 참가한 역사가 있었고 지구상에서 서로 무역이면 무역, 관광이면 관광, 겨루기보다는 서로 도우며 살아온 역사가 있었고 나름 전통이 있었고 활발한 외교와 통치는 물론 우리와 직접적인 교류도 있었으리라 생각한다.

메달 권은 아니더라도 올림픽에 일찍부터 참가의 의미를 새긴 사람들이라는데 더욱 높이 평가하지 않을 수 없었다.

나는 내 조국 대한민국을 탄생부터 지금까지 겪은 우여곡절이며 위기상황 등 심지어 전쟁의 참사를 직접 겪은 최악의 경지까지도 몸소 체험으로 지켜 온 조국이어서 그런지 나라 사랑하는 마음은 어느 누구에게도 뒤질 수 없다고 생각한다. 우리는 외국에 가면 다 애국자가 된다고 하지 않는가. 불과 20년 30년 전만 해도 유럽 거리나 미국 브로드웨이에서 우리의 상품 광고가 현란하게 출시되는 것만으로도 어찌나 자랑스럽던지 지금도 그때의 감동은 잊히지 않는다.

이번 도쿄 올림픽 개막전을 보면서 깊이 깨달은 것은 가슴 벅찬 조국의 위상이었다.

1950년 6·25 때 UN군이 참전할 당시만 해도 KOREA는 지구상 어디에, 어느 구석에 있는 나라인지도 세계 사람들은 모르는 상태였다고 했다. 더 기가 막히는 것은 지구상에서 최빈국이었던 KOREA를 오직 자유민주주의 국가라는 그 한 가지 확실한 선택을 한 국민을 공산주의로부터 침략을 막기 위해 UN은 목숨을 걸고 구해 준 것이라고 하니 우리가 자유민주주의를 선택했다는 것은 얼마나 현명한 선택이었으며 감사할 은혜의 조건인지 하늘이 돕는다는 것은 이를 두고 한 말 같다.

흑이냐 백이냐 민주주의냐 공산주의냐 몽매한 백성들이 어찌 흑백을 가를 수 있었을까. 양자택일의 암흑 같은 기로에서 아니 젖먹이 아기는 엄마의 선택만이 절체절명의 운명이었을 것이다.

위대한 지도자의 탁월한 판단이 곧 국민을 올바로 인도할 수 있는 엄마의 품이었고 지도력이고 통치력인 것이다. 우리가 살아가는 데 하늘의 도움을 받을 수 있다는 기회가 아닌가. 하느님이 보호하사 우리나라 만세다. 하나님 감사합니다.

나는 아직도 내 삶에서 가장 잊을 수가 없는 것은 새마을 운동이 하나 더 있다. 우리는 그때 얼마나 가난했으면 "우리도 한

번 잘 살아보세" 가장 비참한 절규였지만 우리는 피땀 흘리는 노력으로 이루어 내고 말았다. 지금 생각해도 가슴이 뛴다. 눈물겨운 기치 아래 온 국민이 한마음 하나가 되지 않았나.

지금은 세계에서 10위권을 넘보는 선진국을 자랑하는데 우리 민족은 바닥부터 쌓아 올린 노력하는 국민이었다. 경제면 경제, 운동이면 운동, 예술이면 예술, 케이팝 방탄소년단들의 활약을 보라. 그뿐이냐. 나이든 여배우의 영화 시상식에서 재치 있는 발언은 세계를 놀라게 하지 않았나. 어느 분야든 사람들은 너무도 아름다웠다. 우리 국민은 정말 자랑스러웠다.

올림픽 중계를 보면서 귀중한 노력이 메달 이상으로 빛나고 있었다. 그들의 피나는 노력이 다 국력이었으며 KOREA의 정신을 전 세계가 부러워하는 뜻을 깊이 새겨야 할 것이다.

이렇게 자랑스러운 조국이 요즘은 안타까운 마음만 더해가고 있다.

2021. 9.

애기똥풀꽃

애기똥풀꽃은 내가 어렸을 때만 해도 시골 동네 곳곳에서 지천으로 피고 있었다. 도랑가이거나 외진 기슭 또는 사람들이 잘 보거나 그렇지 않은 그늘진 곳까지에도 언제나 밝게 피었다가는 언제 사라졌는지도 모르게 지는 이름 없는 잡초에 지나지 않았다. 그때는 이름도 몰랐을 뿐 아니라 이름이 아예 없었거나 그 정도로 알고 있었다.

관심을 갖고 예쁘다고 생각해 본 적도 없었으니 너무 흔해서 그랬을까 한 번도 가까이서 들여다본 일도, 예쁘다고 꺾어다가 꽃병에 꽂아 본 일도 없었으니, 그저 있으나 마나 한 흔한 잡초였을 뿐이었다.

그동안 속절없이 나이만 먹으면서 오랜 세월 동안 고향을 거의 잊다시피 나그네가 되어 삭막한(?) 도시를 떠돌면서 이제는 하던 일도 오래전에 이미 마감하고 지공승(?)이 되어 이곳까지 떠밀려오듯 때로는 무료하기도 하고 운동 삼아 강가를 자주 걷는데 우연히 낯익은 애기똥풀꽃을 다시 만나게 되었다.

노 시인은 올라갈 때 못 본 꽃을 내려올 때 보았다는 그 꽃처럼 나 역시 왜 자주 걷는 강가에서 이제야 눈에 띈 애기똥풀꽃이 마찬가지였을까.

예쁘기도 하지만 너무도 반가웠다. 꼭 국민학교 시절 고향 친구라도 만난 듯 그렇게 반가울 수가 없었다. 수많은 세월이 흘렀어도 고향 친구는 한눈에 알아볼 수 있었으니 신기했다. 향수에 저렸는지 외로워서인지 눈물 나게 반가웠다.

애기똥풀꽃! 색깔이 화사하고 노랗고 선명한 것이 무엇보다 깨끗해서 아기가 싸 놓은 똥 색깔과 똑같아서 애기똥풀꽃이라고 이름 지어진 모양인데 너무 재미있지 않은가. 꽃을 보면 금방 웃음이 나오고 귀여운 아기가 떠오르면서 친근해지는데, 여기서 만약 그냥 애기 빼고 똥풀꽃이라고만 했다면 어땠을까, 재미있기는 했을까. 더구나 귀엽다는 말은 얼토당토않았을 것이다. 당장 똥 냄새라도 풍기는 것처럼 기절하고 도망쳤을 것이다. 그러나 아기가 들어가니 귀여운 꽃 이름으로 너무 재미있었다. 이렇게 예쁘고 귀여운 이름을 도대체 누가 지었을까. 식물학자가 지었을까 아니면 시인이 지었을까. 내 생각이지만, 시인이 틀림없을 것이다. 이렇게 어울릴 수가 없다.

그 애기똥풀꽃을 여기서 다시 만나니 초등 친구들의 얼굴들이 영화 필름처럼 떠오른다. 해맑았던 그들의 웃음 속에서 어린 시절 고향이 당장 달려가고 싶을 만큼 그립다.

4학년 때 오숙이란 친구와는 메밀 벌처럼 늘 붙어 다니는 짝

꿍이었는데 학교 마치면 바로 우리 집으로 와서 숙제도 하고 점심도 먹고 놀기도 하다가 돌아갈 때는 언제나 자연스럽게 서로 바래다주게 되었다. 하루도 거르지 않고 바래다주는데 친구 집까지 가서는 다시 우리집까지 또 바래다주는 것을 반복하다 보니 일상화가 되었다. 그렇게 시간이 남아돌았다는 것은 그때는 학원도 과외도 없었으니 말하자면 무공해(?) 시절이었으니 가능했을 것이다. 이렇게 두 집을 오가면서 그때 우리들이 나눈 이야기가 아주 중요했던 것 같다.

살아오면서 알게 모르게 여유도 양보도 그때 쌓은 듯한데 6.25전쟁도 있었고 중학교는 다른 학교로 진학했지만 어찌하여 친구하고는 긴 세월을 잊고 지냈을까 안타까울 뿐이다. 우리는 서로 바래다주다가 날이 저물어지기 전에 중간 지점이 되는 안동 군청 앞 커다란 걱정(?)나무* 아래서, 거기도 애기똥풀꽃은 예쁘게 피어 우릴 쳐다보는데 그 아름다운 배경 앞에서 우리는 배우라도 된 것처럼 등을 서로 붙이고 자기 집 방향을 향해 서서 하나, 둘, 셋, 하고는 뒤돌아보기 없기를 외치면서 내일을 약속하고 헤어졌다.

다시는 돌아올 수 없는 그 행복하고 아름다웠던 추억이 있었는데 아! 그동안 몇 년의 세월이 흘렀을까. 그 친구는 어디서 어떻게 늙고 있을까. 아직도 살아 있기는 할까. 보고 싶다, 오숙아.

*걱정나무: 관가에 가장이 호출되면 다른 가족은 그 나무 밑에서 걱정했다고 붙인 나무 이름(안동 군청 앞에 있음)

4

영혼이 깃든 인형

바보가 따로 없었다

사람들은 허다한 기념일들을 잘도 찾아서 기억도 하고 챙기기도 즐기는 것이 일상화가 된 것 같은데, 그야말로 조그만 기억이라도 끄집어내서라도 핑계 삼아 즐겁게 활용한다는 것은 매우 바람직하기도 하지만 살아가는데 더없는 지혜로운 방법이 아닐까.

그러면 나는 어땠을까. 나야말로 지금까지도 나에 관한 일에 대해서만은 철저히 그렇지 못했다. 성격 자체가 별로 재미도 없었지만 자신에 대해서는 좀 엄격했다고나 할까. 이건 좋은 표현이고 떠벌리는 것이 싫었고 또 생리상 맞지도 않았지만 우선 마음이 내키지도 않았다.

나의 결혼기념일도 그렇다. 괜히 쑥스러웠는지 아니면 그냥 겸손인지 몰라도 조용히 간직할 뿐이지 꼭 야단스럽게 동그라미 치고 떠들 필요가 있을까 싶었다. 결혼했다는 것은 매일의 삶이 가정이 중심이 되어 또 그 가정에 충실하고 가정인으로서 끊임 없는 재창출이 아니었을까.

물론 여기에는 행복하고 순탄한 날도 있었겠지만, 어찌 살아가는데 좋은 날만 있을 수 있겠는가. 흔히들 지지고 볶는다는 표현도 있듯이 그 모든 것은 가정이란 울타리를 더욱 공고히 쌓아가는 진일보된 노력이라고도 할 수 있는데 꼭 그렇게 유난을 떨고 강조를 해야 하는지 오히려 진실된 결혼을 가볍게 보는 것 같기도 하고 또 아이들에게도 그렇다.

남이 보면 무척 성의도 없고 재미없는 삶으로 보였겠지만, 결혼은 천생연분이거나 시체 말하는 팔자소관이라고 하는 생각도 영 안 해 본 것은 아니다.

그래 그런지 새삼스럽게 아이들 앞에서도 우리들의 결혼기념일 같은 행사를 내세울 필요가 있을까 싶기도 했다.

그 대신 가족의 생일만큼은 연초에 이미 달력에다 입력해 놓은 상태이니 잊을 일도 없지만, 소홀하지 않고 성의를 다하려고 노력했던 것은 사실이다.

요즘은 멀리 떨어져서 쉽게 오갈 수 없는 자식도 있지만, 카톡으로나마 얼마든지 동영상으로 얼굴은 물론 웃고 울고를 함께 나누고 반기니 세상 참 편리해진 것도 사실이다.

알고 보면 요란한 것보다는 적당히 조용히 살아도 할 일은 많았다. 남편은 어느 댁 가장이나 비슷하겠지만, 행사나 기념일에 참가할 때는 과분한 계획과 지나친 지출로 가장의 권위는 좋으나 열정에 관한 온도 조절이 필요했다.

요즘 신세대들은 결혼기념일을 대단한 행사로 시도하는 모양인데 깜짝쇼도 만만치 않지만, 그들은 만약 상대가 기억을 못하거나 준비에 성의 없어도 삐지고 틀어지고 그 원망이 오히려 더 큰 불상사로까지 번진다고 하니 그런 피곤한 삶은 나야말로 원하지도 않지만, 생각도 하고 싶지 않다. 또 그 깜짝쇼 같은 것은 하나도 부럽지도 않을 뿐 따라 해 보는 것조차도 싫으니 취향은 어쩔 수 없는 것 같다.

우리에겐들 왜 젊은 날이 아름답지 않았겠는가. 정열도 있었으리라. 낭만인들 둘째가라면 서러웠을 텐데, 요란 떨지 않은 것은 그때나 지금이나 변함이 없는 것 같다. 다 성격이거나 생각하기 나름의 가치관이 아닐까. 사실이지 결혼하고 혼인신고가 된 이상 결혼인으로 양가의 책임이며 할 일은 더 무거워지고 그 바쁜 중에 무엇이 더 강조할 것이 있었겠는가.

옛날 조부모님, 부모님 시대만 해도 결혼 육십 주년은 회혼이라고 대단한 동네 잔치가 열릴 만큼 경사였다지만, 나는 자식 삼남매를 키우면서 이보다 더한 가치를 어디서 또 찾겠는가. 사실 우리들의 결혼기념일까지 챙겨야 하기에는 너무도 바쁜 삶이었고, 인생은 그렇게 호락호락하지도 않았다.

다시 생각해 봐도 흘러간 지난날은 꿈결 같기도 하지만 이제야 정신을 차리고 보니 우리들의 결혼 역사(?)도 육십 년이 얼마 남지도 않았다.

그 소중한 아이들은 저희들의 둥지를 차려서 떠난 지도 오래 되었다. 우리는 아무리 강한 척 씩씩하게 살아가는 척해 봐도 우리 자신도 모르는 사이에 늙은이가 되었고 그리움은 쌓여 외로움이 되었는지 이제는 서리 맞은 국화 모습이랄까. 짙어진 인생의 계절은 속절없이 저물어 갈 뿐이다.

남편은 한때 암으로 사형선고도 받았지만, 거뜬히 살아서 사회생활에서나 가정에서 모든 책임과 의무를 수행하는데 별문제 없이 지금에 이르렀으니 이만하면 승리한 삶이 아닌가. 참으로 감사와 은혜가 뜨겁지 않을 수가 없다. 그동안 요란 한번 떨어보지도 않았던 우리들의 날, 결혼기념일이 이제야 가슴으로 와 닿았다. 당연히 우리 아이들은 챙기는 것도 못 봤으니 모를 수밖에.

나이를 먹어서 그런지 아니, 먹은 정도가 아니라 막다른 인생 코너까지 밀려온 이상, 허전하기도 하고 아쉬움 같은 것이 지금까지 소홀하게 지나치고 말았던 것에 대한 회한이 가슴으로 쓰나미가 되어 덮치고 있었다. 아무도 알아주지도 않았던 우리 둘만의 날인 결혼기념일을 맞이하고 보니 어쩌면 이렇게 초라하기가 눈물겹다고나 할까 뭐가 부족해서일까. 쓸쓸한 건지 아쉬움인지 말없이 날짜만 쳐다보고 있는데, "우리 결혼기념일이네, 근사한 데 가서 맛있는 것 먹으러 갑시다. 당신 옷도 좋은 것으로 사고…." 나도 깜짝 놀랐다. 이 남자가 기억을 하고 있다는 것도 고마운데… 좋은 제안까지나….

반가워서일까, 코끝이 찡했다. 역시 남편이었다.(살면서 엉뚱하게

안 하던 짓(?)을 하면 빨리 죽는다는 말도 있는데)

"결혼기념일! 우리는 매일이 결혼기념일이잖아. 기억하는 당신 참 멋지다!"

외롭던 차에 반가웠는지 칭찬이 나도 모르게 절로 나왔다.

"밥 차리기도 힘든데 나가서 좋은 것 먹읍시다."

아! '밥 차리기도 힘든데'란 그 한마디가 귀에 번쩍했다. 그럼 밥 차리기가 힘들다는 것도 알고 있었단 말이네.

결혼기념일! 참 좋은 날이구나. 핑계 삼아 밥 차리기도 면할 수도 있고! 지금까지 나는 너무도 고지식한 바보였다.

개도 안 물어 간다는 그 알량한 자존심이었을까. 바보가 따로 없었다.

이제만큼 우리가 내년에도 건강하게 다시 결혼기념일을 맞을 수 있다는 보장이 있기는 할까. 참 나야말로 바보처럼 살았구나.

지금까지 나에게 결혼기념일은 늦은 밤에 일기장에서나 혼자서 소회를 풀어 놓는 것으로 충분했는데, 얼마나 바보였던가.

살아보니 어떤 기념일이든 기억하고 또 찾아서라도 핑계 삼아 즐겨야 할 일이다. 잘만 이용하면 재미도 있고, 더 뜻있는 삶이 될 수도 있는데 나중으로 미루기에는 인생은 너무도 짧았다.

칭찬은 고래도 춤을 춘다는데

늙는다는 것은 자연현상이니 꼭 슬퍼해야 하거나 그렇다고 유쾌할 일도 아니라는 것은 알고는 있지만 그냥 어쩔 수 없이 당할 수밖에 없는 늙음에는 건강이 가장 중요했다. 건강은 오직 운동으로 지킨다는 것을 모르겠냐마는 그것도 덜 늙었을 때 할 수 있는 방법이 아닐까. 그렇다고 별다른 묘책이 있는 것은 더욱 아니지만.

그저 만만한 TV를 자주 켜는데 남편은 스포츠 경기를 자주 보는 편이다. 나하고는 전연 취향이 달라서 어쩔 수 없이 나는 카톡이나 들여다볼 수밖에 없다.

때로는 별 중요하지도 않은 사안으로 기억이 서로 다르고 생각이 달라서 토론인지 다투는 건지 명확한 정답도 없고 별 재미없이 끝내는 것이 일상이 될 정도가 되었다.

그렇다고 동서고금을 통해 역사적인 중요한 사건이나 시대적

이슈를 논해 봐도 알량한 상식으로는 당할 수가 없어서 금방 핀잔이 덮치게 된다. 책이나 펴들고 있으면 종일 집안은 말 한마디 나누지도 않고 조용하다 못해 살벌하리만큼 냉랭하다. 안 그래도 우울할 수밖에 없는 노년을 좀 더 밝게 보내도 그 세월이 그 세월인데 지금 우리 가정에 가장 필요한 대책은 무엇일까. 한번 생각해 보았다.

첫째는 건강을 추스르는 것이 가장 급선무인 것 같다. 나는 지금까지는 건강한 편이었다. 앞으로도 건강할 줄로만 알았는데 그게 아니었다.

'세월 이기는 장사 없다'는 말은 요즘 나에게 바로 해당이 될 수밖에 없었다. 자다가 가슴이 답답해서 옆 사람을 놀라게 하고 병원 출입을 자주 할 수밖에 없었으니 나만 건강을 잃은 것이 아니고 남편도 운동을 못 할 만큼 매우 힘겨워하고 있다. 매일 맞이하는 아침이건만 오늘 식탁에 앉아서 다시 아침 식사를 마주하니 살아서 감사했고 빛나는 태양도 더 아름다웠고 이 모든 것을 허락해 주신 하나님께 깊은 감사가 가슴을 뜨겁게 했다.

둘째는 분위기를 가라앉게 해서는 안 될 것 같았다.

토요일이면 어김없이 할아버지를 찾아오는 귀여운 손자들의 방문만으로는 나머지 요일을 다 채울 수는 없었다. 무슨 좋은 방법이 없을까. 칭찬은 고래도 춤을 추게 한다는데 그러면 하루 한 가지 칭찬은 분위기 쇄신에 도움이 되지 않을까. 지금부터는 칭찬감을 찾아보기로 했다.

남편은 평소 입맛이 까다롭고 평범하지 않아서 고운 점이라고는 찾아볼 수도 없다. 일평생을 청소기 한 번 돌린 적도 없고, 나는 바라지도 않지만, 설거지 한 번 도와준 적이 있다면 내 손가락에 장을 지진다. 어디 예쁜 곳이라고는 눈 씻고 찾아봐도 없는 양반을 칭찬으로 분위기 쇄신을 해 보겠다고 했으니, 나도 참 한심하기가 이를 데가 없다. 이 어려운 일에 이제만큼 적은 나이도 아닌데 시작을 하자니, 보통 일은 아닌 것 같다.

이것이야말로 생각도 않고 결정부터 했으니 차라리 한강 모래사장에 가서 바늘을 찾는 것이 더 쉬운 방법이 아닐까, 아니면 코메디언 이주일 씨를 저승 가서 모셔 오는 것이 훨씬 수월하지 않을까 싶기도 하다.

그러나 어려운 것을 도전한다는 것이 더 의미가 있지 않을까. 내가 누구냐.

한번 내뱉은 말에는 책임을 져야 한다면, 하는 척은 해야 할 것 같았다.

"당신 그 운동모자 쓰니, 뉴욕 양키즈 구단장 같기도 하고, 너무 젊어 보이고 멋있다." 얼마나 칭찬 거리가 없었으면, 칭찬인지 아부하는 것인지 나도 잘 모르겠다.

"응, 한 번 더 쓰고 버리려고. 너무 오래된 것이거든."

이번에는 강도를 좀 더 높여서 해 보았다.

"당신 그렇게 정장을 하고 나서니 꼭 「로마의 휴일」 그레고리 펙 같네."

"응, 그런 소리 많이 들었어."(참, 기가 찼다. 내가 놀리는 소리라는 걸 모르는 것일까? 아니면, 모른 척하는 것일까?)

"당신 지팡이 짚으니 영국 신사는 저리 가라네."

칭찬은 하루 한 가지도 과분한데, 처음 시작부터 너무 쏟아냈다. 방법도 미숙하고, 내 자신이 이렇게 거짓말쟁이인지 나도 몰랐다.

옛날 어머니 말씀에 아기들 놀음놀이는 하루하루가 다르게 예쁘기만 한데, 늙은이 놀음놀이는 그 반대라고 하셨다. 그 반대면 얼마나 미웠을까. 예쁜 것 반대는 미운 것일까, 추한 것일까. 어머니! 우리도 어느 사이에 이렇게 늙었네요. 미운 짓을 곱게 보기는 참 어렵네요.

둥근 것에 대한 매력

운동을 좋아하는 남편을 보면 운동이 꼭 건강에 필요한 조건인지 아니면 생활의 재미를 위한 필수 요건인지는 잘 모르겠다. 젊은 날 직장에서나 밖에서나 항상 바쁜 스케줄은 거의 운동을 위한 일상이었다.

배구 농구 야구 테니스 골프 등 공의 크고 작고에는 상관없이 둥근 모양이면 무조건 갖고 놀기(?)를 좋아한 것 같다. 물론 그 모든 것은 성장 과정이기도 했고 생활 속의 윤활유라고 할 수도 있었지만.

집에 기르던 강아지도 공만 던져 주면 잘 노는데 인간이나 동물이나 둥근 것에 대한 애착은 호기심인지 친근감인지 싫증을 모르고 좋아하는 걸 보면 특별한 매력이 있기는 있는 것 같기도 하다.

심지어 동네서 아이들이 축구를 하거나 농구를 해도 그냥 지나치는 일은 없었다. 잠깐이라도 아주 흥미 있게 관전하기를 유난히 좋아했다. 어쩌다 뛰어난 기량을 보이는 아이를 발견하면 장래성을 가늠하기도 하면서 그렇게 반가워할 수가 없었다.

참 취미 하고는 별나기도 해서 무슨 자기가 감독이나 되느냐고 핀잔을 주기도 한 것이 한두 번이 아니었다. 자신의 꿈을 키우지 못한 아쉬움인지 그렇게 아이들의 놀이(?) 속에서 기량을 찾아내는 것을 재미있어했다.

본인 소년 시절은 바로 6·25전쟁 중이라 가장 어려운 때이기도 했다.

그 총 중에도 마당에 농구(장대 끝에 채 바퀴를 매단)골대와 나무 평행봉을 만들어 주신 아버지 덕분에 숨통을 틔운 것도 고마워했지만 또 야구에 심취해서 종일 땀에 젖고 옷이 더러워져서 집에 돌아오면 꾸중 듣는 것이 싫어 항상 대문 밖에서부터 옷의 먼지를 털고 매무새를 다시 고친 다음에 집 안으로 들어가던 행동이 지금은 습관이 돼서 다 늙어서도 현관문 밖에서 으레 옷의 먼지를 털어야만 들어온다.

웃지 못할 에피소드가 아닐 수 없다. 세 살 버릇이 여든까지 간다는 말은 빈말이 아니었다.

얼마 전까지만 해도 필드를 누비다시피 들락거렸는데, 올해 들어와서는 겨우 인도어에서 몸을 푸는 정도가 고작이다. 노년도 아기들처럼 하루하루가 변하고 있는 것은 틀림없다. 다만 그 방향이 공처럼 어디로 튈지는 알 수 없어도.

궁여지책으로 TV에서 중계하는 스포츠를 많이 시청하고 있는 중이다.

인생에도 계절은 있기 마련인데 어느덧 가을인가 했는데 그 가을도 깊을 데로 깊어지니 자연히 겨울을 맞을 수밖에.

얼마 전 여행 중에 만난 어떤 분이 남편을 보고 하는 말이 꼭 프로야구 중 라이언스 감독 같다고 해서 왜 그렇게 보였는지 웃음이 나왔다.

운동복을 입은 것도, 표시 로고를 달고 있는 것도 아닌데 그냥 보기에도 공을 좋아하는 것으로 보였을까.

남편은 자신이 가장 꿈꾸던 선망의 자리가 바로 그 자리였다고 하면서 그리움 섞인 웃음을 보인 적이 있었다.

운동하면 무슨 주먹이라도 쓰는 줄로만 알고 계셨던 고루한 부모님 슬하에서 꿈도 꾸지 못했던 아쉬움은 왜 없었겠나.

라이언스 야구 감독이란 말에 오래 잊고 있었던 꿈이 되살아나는 듯 가슴이 뛰었다고 했다. 아직도 가슴이 뛸 만한 여력이 남아 있었다니 다행이다.

그러나저러나 세월은 다 지나갔다.

이제 와서 어느 삶이 정답이었는지는 모르겠으나 후회 같은 것은 안 하기로 했다. 지금 잘못되었다 한들 세월을 되돌릴 수는 없지 않는가. 파랑새는 이미 날아가 버린 우리 인생인데.

그러나 둥근 것을 좋아한 삶도 그렇지 않은 삶도 결코 어느 것도 우열을 가릴 수 있는 삶은 아니나 얼마나 재미있는 삶이었던가는 알 수 있었다.

길었다면 길 수도 있겠으나 돌이켜 보니 주마등이 되어 모두 어제 일 같기만 한 것은 짧다면 짧을 수도 있었다.

단 인생의 겨울을 맞아 정리 정돈해야 할 것은 옷의 먼지뿐만은 아닌 것 같다. 우여곡절의 인생도 둥근 공같이 어느 방향도 예측하기는 쉽지 않았는데 무사히 지나게 해 준 오늘이 고마울 뿐이다.

살아 있는 하루하루가 그저 감사하다.

새봄에는 다시 만나 교가를 부르세요

얼마 전까지만 해도 종로 냉면 집에서 우리 동창들이 모일 때마다 같은 날 겹쳐지던 모임들이 더러 있었다.

안동여자고등학교 1회 졸업생, 그리운 우리 언니 동창들도 만나면 언니 만난 것만큼이나 반가웠는데 지금은 그분들이 나타나지 않고 통 볼 수가 없었다. 다시 만날 길이 없게 된 지도 꽤 된 것 같은데 이런 것이 다 세월을 비켜 갈 수가 없는 것이라 생각하니 슬프지 않을 수가 없다.

또 기억에 남는 아마도 오래도록 잊히지 않을 모임이 하나 더 있었다.

회원들은 모두 남성들로 구성되었는데 우리보다는 좀 선배뻘로 보이는 멋쟁이 신사들이었다. 냉면 집 2층까지 층계를 서로 부축해 가면서 즐겁게 오르내리던 모습도 선하다.

이분들은 연세도 높을 뿐 아니라 인생으로 말하자면 많은 경험과 교양을 두루 갖춘 맏형 같은 선배로 그 풍기는 면모가 오히려 연세는 높아도 추하거나 흐트러짐 없이 단정한 모습은 아주 농익은 과일을 연상케 할 정도로 보통 노인들과는 차원이 다른 요즘 웰빙 시대에 가장 잘 어울리는 분들이 아닐까 싶기도 했다.

우리 모임보다는 항상 조금 빨리 행사가 시작되기에 다행히 구경할 수가 있었는데 종업원 언니가 전하는 정보에 의하면 저 분들은 거의가 100살 가까운 연세라고 했다. 그럼 90이 다들 넘었단 말인가.

높은 연세에도 불구하고 저토록 하나 같이 모두들 단정했다. 하얀 와이셔츠에 넥타이를 갖추어 매고 손수건까지 곱게 접어 가슴에 꽂은 정장 차림의 멋쟁이들은 정정했고 활기가 차 있었다.

보기에도 교양을 갖춘 품새는 스스로도 신경을 많이 쓰고 있음이 역력했다.

사실 젊은이들은 젊음 하나만으로도 모든 것을 덮을 수 있지만 늙으면 그렇지 않다. 그러니 늙으면 늙을수록 차림에 신경을 더 써야 하고 갖추는 것은 스스로 선배 대접을 받을 수 있는 당연한 몸가짐이기도 하다. 나는 이분들에게서 배울 점이라는 것을 깨달았다. 더욱 놀란 것은 노신사들은 오자마자 상자에서 무슨 휘장 같은 것을 꺼내서 벽에 걸어 놓는 등 준비에 만전을 다 했는데 그 휘장에는 '함흥영생고보'라 쓰인 교기(校旗)가 아니던가. 교정 그림 하며 틀림이 없었다. 준비하는 행동들은 진지하기도 했지만 꼭 청년들처럼 일사불란했는데 능숙한 솜씨는 늙은이들로 보이지 않을 만큼 민첩했고 협동적이었다.

식이 시작되는데 제일 먼저 한 분의 대표 기도가 분위기를 매우 엄숙하게도 했지만 참으로 성스러우면서도 진지한 모습들이었다.

아마 모르기는 해도 대표 기도하는 분은 훌륭한 교회에서 오래 재직한 덕망 높은 장로님이 아닐까. 돈독한 믿음은 물론 모세 같은 리더십이 그대로 보였다.

간곡한 기도 내용에는 조국을 걱정했고 뜨거운 나라 사랑은 가슴을 뭉클하게 했다. 다음은 두고 온 고향의 안위를 눈물로 애달프게 염원했는데 그 대목에는 내 자신도 울컥하는 전율을 감당할 수 없을 정도로 가슴이 아팠다. 이어 얼마 남지 않은 황혼길에서 우정 깊은 서로의 건강과 마지막 생명을 오직 하나님께 의지하는 간곡한 기원으로 끝마무리를 하는데 얼마나 감동스러웠는지 나도 모르게 아멘으로 함께 기원했다.

뜨거운 눈물의 기도가 끝나고 다음 순서는 모두 일어서서 경건한 목소리로 애국가 제창이 있었다. 애국가도 여간 감동이 아니었는데 이어서 영생고 교가를 부르는데 목이 메면서 부르는 교가는 기도만큼이나 절절했고 더 할 수 없는 그리움으로 애간장을 끊는 듯했다.

아 눈물의 교가! 노신사들에게는 얼마나 절실하고 애달픈 그리움이었을까.

지난날 그 교정으로 달려가고픈 꿈을 어찌하겠는가.

고향을 떠나와서 그들은 이미 긴 세월 동안 많은 것을 이루었고 성공의 뒤켵에는 뼈를 깎는 노력의 결과였음이 당연한 귀결이었음에도 불구하고 자신들의 노고에 대한 평가도 자랑 한마디도 없이 이 땅에서 이룬 모든 것을 그저 하나님께 감사하는 겸손이 너무도 숭고할 만큼 아름다웠다.

그분들에게 두고 온 고향산천이야말로 잊을 수가 있었겠는가.

부모 형제를 언제 한번인들 한순간인들 잊었겠는가.

지난날 그 교정에서 사귀던 친구들은 또 어떻고.

지금은 가 버린 청춘이 그저 한스럽기만 했을까.

애국가를 부르고 눈물의 교가를 부르던 그때 그 노신사들이 요즘 와서는 한 번도 만나 볼 수가 없었다.

그들은 조국의 장래를 걱정했고 모교를 그토록 그리워하면서 피 같은 우정을 나누었는데 목숨 걸고 공산 치하를 탈출하여 오직 자유를 찾아 대한민국을 선택한 순수한 자유인들이 아닌가.

지금도 그 교기를 소중히 간직하면서 교가를 부르고 계실 것이다. 고향을 그리며, 부디 건강하시고 새봄에는 다시 모여 교가를 힘껏 부르세요. 애달픈 정담도 다시 나누시길 간절히 빕니다.

석 달 열흘 장마에 볕 구경이라

이번 장마는 6월부터 시작한 것 같은데 7월을 온전히 적셔 놓고 8월도 마른 날이 별로 없었다. 아닌 게 아니라 석 달을 차례로 걸쳤으니 이러다가는 혹시 100일을 다 채워 악명 높은 석 달 열흘 장마를 기어코 만들 요량인지 알다가도 모를 일이다.

목이 타들어 간다는 가뭄도 힘들고 어렵지만 아무래도 장마만 할까.

물이 넘쳐 천방 둑이 터지고 산사태가 나서 동네가 통째로 묻히고 댐이 넘치고 길이 물에 잠겨 오도 가도 못할 뿐만 아니라 자동차와 사람이 함께 갇혀 목숨을 잃고 주택이 물에 잠겨 고립되고 인명 피해가 속출하고 하루아침에 마을이 터도 망도 없이 사라지고 자동차는 물론 가축 등 피땀 흘려 가꾼 농작물이 수확을 앞두고 순식간에 쓸려나가고 수많은 비닐하우스가 통째로 물에 잠기고 떠내려가고 축사 안의 닭과 오리들은 차마 눈 뜨고

볼 수 없는 처참한 떼죽음을 당하고 물살에 떠내려가던 소 떼들이 물이 빠지니 지붕 위에 덩그마니 남아 내려오지도 못하는 비참한 안타까움이며 수해 피해가 어디 한둘이어야지. 자연 앞에서 인간은 이토록 한없이 작았고 나약했던가. 그렇게도 저 잘났다고 안하무인이던 인간들에게 자연이 한번 성질을 냈다 하면 용서가 되지 않는 것이 아닐까.

직접적인 피해는 없어도 몇 날을 줄기차게 내리는 비에 덥고 축축한 집안은 빨래도 잘 마르지 않고 이부자리도 눅눅한 것이 우울해지기까지 했다.

얼른 가을이 오지 않고는 끝이 날 기미가 보이지 않았는데 오늘은 오전에 비가 끝이더니 참으로 오랜만에 반가운 해가 났다. 장마 속에 반짝 볕이다.

얼마 만인가. 반갑고 고마웠다. 우선 환기부터 시키기 위해 창문이란 창문은 있는 데로 앞뒤 다 열어젖히는데 갑자기 매미 소리가 귀가 따가울 정도로 한꺼번에 쏟아져 들어왔다. 놀라기도 했지만 장관이었다. 참으로 대작의 코러스를 방불케 했다. 저들도 볕은 반가웠나 보다.

또 평소에는 있는지조차도 모르게 조용했던 도랑에서 콸콸 무서운 소리를 지르지 않나, 자동차 경적마저도 너무 가깝게 시끄러웠다. 한 번도 없었던 소음이 한꺼번에 내지르듯 요란할 정도가 아니라 매우 이상하리만큼 들렸다.

새들도 여러 마리가 몽땅 나와서 어지럽게 날고 저들끼리 심지어 모였다 흩어지기를 반복하면서 어쩌면 제정신들이 아닌 것 같기도 했다. 질서도 없이 서로 부딪혀 가면서 나름 다급한 사정이 있는 듯 괴성 같은 소리를 지르는 데 참으로 예사롭지 않았다.

긴 장마에 비축해 둔 양식인들 있었겠나 모르기는 해도 얼마나 허기가 졌으면 정신이 나간 듯 저들이 무슨 특별 재난 대책이라도 세우자는 건지 온통 시끄럽게 우왕좌왕이다. 참으로 처음 보는 새들의 특이한 행동들이었다.

지루한 장마는 사람뿐만 아니라 동물들에게도 어려움이나 불편 사항이 많은 것은 마찬가진 것 같았다. 아무리 자유스럽다는 새들이지만 빗속에서는 먹이도 부족했을 것이고, 잠자린들 줄창 퍼붓는 비에 나뭇가지가 잠을 들 수 있게 해 주었을까.

매미 역시도 그렇다. 7년 동안 땅속에서 기다렸다고 하는데 새로운 세상이 장마로 맞았으니 왜 어려움인들 없었겠나. 오늘이 화려하고 아름답고 찬란한 햇볕은 그들에게도 그만한 코러스 정도는 자축이 될 만도 했을 것이다.

또 이들에게 허락된 주어진 날은 그리 오래지는 않을 텐데 그 동안 할 일들을 완수하자면 얼마간은 바쁜 날로 살아가야 할 것이다.

제발 올 장마는 이제 그만 여기서 끝내 줬으면 좋겠다.

이미 입추도 지났고 삼복 역시도 빗속에서 차례로 다 지나갔다. 여름 절후로는 처서(處暑)가 달랑 남았는데 마지막 남은 더위의 잔재를 깨끗이 치운다는 청소부 역할이 처서가 아닐까.

일기예보에는 이 장마가 끝나면 곧바로 불볕더위가 기승을 부린다고 했는데 찜통이니 불볕더위 다 얼마나 끔찍할까마는 그래도 우선 장마부터 끝이고 봐야 다음 계절을 상상이라도 할 것이 아니겠는가.

남도 지방은 장마가 끝나고 벌써부터 찜통이라고 한다. 무섭고 잔인한 수해를 먼저 당하고 상처도 말이 아닐 텐데 벌써 극심한 더위에 시달린다고 하니 수해 복구는 또 얼마나 힘들까. 인생살이가 쉬운 것은 하나도 없는 것 같다. 한고비 넘기면 다음은 준령이로구나.

자연 재해는 인류가 살아오면서 겪는 가장 힘들고 두려운 재난이지만 우리는 어쩔 수 없이 자연과 더불어 살아야 하기에 반복하면서 겪을 수밖에 없으니, 살아남기 위해서는 싸워야 했다. 여기서 이기고 지고를 수없이 반복하면서 생사를 걸고 도전해 온 것이 인류의 역사가 아닐까. 지금까지 인류가 멸망하지 않고 꾸준히 대처하면서 도전해 왔다는 사실이 참으로 가상하고 위대하지 않을 수 없다. 뿐인가, 지금은 코로나까지 창궐하니 엎친 데 덮친 격이라도 인류는 지혜롭게 싸울 것이다 당연한 우리의 과제가 아닌가.

세계사를 돌아봐도 척박한 환경이 위대한 문명을 창출하듯이 석 달 열흘 장마에도 볕 들 날은 있었다.

영혼이 깃든 인형

그동안 코로나가 얼마나 무서웠으면 몇십 년째 한 번도 거른 적이 없었던, 매달 모이던 서울동창회 모임이 중단되었었다. 2년이 넘도록 친구들을 만나지 못하다가 이제 겨우 위드 코로나가 되면서 참으로 오랜만에 다시 만나니 친구들은 좀 수척하기도 했고 머리카락에 윤기는 덜 해도 건강하게 다시 만나니 반갑고 고마웠다. 그러나 몇몇 친구는 건강이 안 좋아 나올 수가 없으니 너무도 안타까웠다. 부디 하루 빨리 쾌유를 빌어 보는 수밖에.

더 슬픈 것은 그간 유명을 달리 한 친구도 있었으니 지금 우리는 틀림없이 앞서거니 뒤서거니 기로에서 모두 외로운 나그네가 된 것이 분명했다.

짙어진 지금의 계절마저도 스산하기는 마찬가진 것 같다.

친구는 언제나 멋쟁이였고 그 나이에도 스포츠 댄스 달인으로 무대 공연이며 봉사 활동으로 부지런하고 충실한 아주 적극적인 삶을 영위했는데, 항상 옆에 친구들의 건강을 염려하고 다독여 주던 그 모습이 아직도 눈에 선하다. 우리는 요 몇 달 사이에 생사를 달리했으니 '삶도 허무하지만, 운명이라면 하늘을 원망할까, 친구야 혼자 가는 길이라고 너무 외로워 마라. 우리도 곧 뒤따를 것 아니냐.'

또 한 친구는 무서운 위암으로 대수술을 받고 이제 한숨 돌리는가 했는데 다른 장기로 전이가 되어서 다시 수술을 받는다고 했을 때 너무도 가슴이 아팠다. 이 나이에 우리가 과연 다시 만날 수 있기는 할까. 우려도 컸는데 오늘 이 좋은 날 얼굴을 보여 주니 이보다 더 고맙고 반가울 수가 없었다.

학교 다닐 때는 피아노 실력도 수준급이어서 무척 부러웠는데 노년에는 놀랍게도 숨겨 놓은 솜씨를 또 발휘했다.

뜨개질로 예쁜 인형을 기가 막히게 만들어 내는 취미까지 보여 줬는데.

중병으로 누웠으니 너무 안타까워서 너의 그 많은 재주는 다 아깝지만 얼른 회복해서 영혼이 깃든 너의 인형, 꿈꾸는 듯 아름다운 인형을 다시 보여 주어야 하지 않겠니.

상품으로서의 가치를 넘어 인형 하나하나가 어쩌면 살아 있는 듯 세련되고 환상적인 아름다운 작품이었다. 예술적 감각도 좋았고 그의 천재적인 솜씨가 아까워서 한 칭찬 아닌 사실을 말한 것뿐이었고 빨리 회복하라는 격려였다.

주변에 흔한 털실로 뜨개질하듯 인형을 만드는데 갖가지 표정을 다양하게 그것도 아주 세련되게 감각까지 살린 솜씨가 아주 대단한 걸작을 만들었다.

장난감이라기보다 보통 인형이 아닌 꼭 영혼이 담긴 듯한 인형이었다.

정성으로 만드는 솜씨가 아마도 생명의 작품으로 승화 시키지 않았을까.

오늘 오랜만에 다시 만나게 되니 이보다 더 좋은 날도 있을까 싶다.

지금은 건강도 조금씩 찾아가면서 게이트볼도 할 정도로 즐거운 시간을 보낸다고 하니 얼마나 다행인지, 고난을 이겨낸 이 친구야말로 병고의 전쟁터에서 돌아온 위대한 승리의 용사라고 해도 손색이 없었고 가히 위대했다.

그 친구가 핸드백 속에서 인형 한 쌍을 꺼내어 내게 주는 것이 아닌가.

나는 깜짝 놀라지 않을 수가 없었다.

아니 그 무서운 사경을 넘나드는 고통 속에서 얼마나 괴롭고 힘들었을 텐데 무슨 정신으로 이런 작품까지나…. 야 너야말로 정말 천재로구나! 감탄이 절로 나오면서 내 가슴은 터지는 듯 전율이 오고 있었다.

"네가 그때 내 인형을 영혼이 담긴 인형이라고 했을 때 나는 꼭 다시 살아서 최선을 다해 좋은 인형, 아니 네가 말한 영혼이 담긴 인형을 만들어 보고 싶었어. 영혼을 쏟아 넣고 싶을 만큼 최선을 다해 만들기는 했다마는."

나는 그때 칭찬이 아닌 그야말로 사실을 그대로 말한 것뿐이었는데….

친구 말을 들으니 나는 숨이 막혔다. 그리고 감동으로 인형을 안아보니 너무도 아름다운 인형은 무척이나 포근했다. 어쩌면 숨을 쉬지나 않을까. 그리고 내게 영혼이 전달되는 것이 느껴졌다.

몸도 성치 않은 친구에게 너무 가혹한 신경을 쓰게 한 것은 아닌지 친구를 위로하는 마음으로 한 인형 칭찬이었는데.

친구야, 고맙다. 이제는 아프지 말고 얼마 남지 않은 이 세상 다 하는 날까지 우리 행복하고 건강하자. 약속!

호사다마

내가 처음 수필을 공부해 볼까 생각했을 때는 이미 나이도 팔십을 바라보고 있었던 터라 자식들이나 남편까지도 별 기대를 갖지 않는 것 같았다. 아마 저 나이에 얼마나 계속하겠나 싶었을까. 그림 그린다고 쫓아다녔지, 글씨 쓴다고 했지, 그 밖에도 하모니카 등등 배운다고 바빴다. 아이들은 엄마 그냥 좀 쉬세요 했다.

이제 10년이란 세월이 지나고 보니 지금은 건강에도 많은 도움이 될 수 있다면서 오히려 무리만 하지 말라며 남편은 직접 수강료도 부쳐주면서 매번 등록을 빠지지 않고 해 주고 있다.

동생은 전공이 미술이었는데 항상 취미 이상으로 그림이 생활화가 되어 있다고 해도 과언이 아니었다. 이제는 아이들도 잘 키웠고 주위에서 부러움의 대상이 되었을 뿐만 아니라 행복을 혼자서 다 누리는 것 같았는데 인생살이에는 우리가 모르고 있는 사이에도 끊임없는 변화가 이루어지고 있었다. 그 일들이 좋은 일도 있겠지만 설혹 나쁜 일도 있다는 것이다. 미래에 닥칠 일이니 알고 살아가는 인생이 과연 얼마나 될까.

건강했던 제부에게 무서운 병마로 먹구름이 드리워졌을 때 의학을 전공한 장성한 자식들은 모든 것을 예측이라도 했을까 서둘러 선택한 최선의 치료 방법이지만 환자인 아버지를 모시고 식구 전체가 세계 여행을 떠나는 아주 획기적인 치료 방법을 시도하기도 했다. 현대 의학으로는 아마도 그 방법이 최 상책인 것 같기도 했는데 그러나 이 모든 운명은 하늘의 판단이 최후통첩이고 명령이 아니었겠는가.

남편을 잃은 동생을 위해 어떤 위로인들 가당키는 하겠는가마는 마냥 슬픔에 빠진 동생을 두고만 볼 수가 없어서 우선 내가 공부하는 수필교실로 불러서 기분전환이라도 시켜보고 싶었다.

처음에는 마음의 여유를 갖지도 못했고 나의 설득으로는 그의 마음을 쉽게 움직이지도 못했지만, 끊임없이 달래고 얼렀을 때 동생이 내뱉은 말이다.

"내가 무슨 글을 쓴단 말인가.

아니 쓸 수 있기는 할까.

도대체 뭘 쓴단 말인가.

눈앞이 캄캄하고 막막한데."

청천벽력 같은 어려움을 당한 동생에게는 절망의 사슬에 상상외로 강하게 사로잡혀 있어서 내가 봐도 쉽지는 않았다.

나는 무조건 저를 슬픔의 수렁에서 끌어내는 것이 목적이었으니 "너의 방식대로 써 봐. 네가 아는 만큼만 써 보는 것이지, 뭐. 너는 할 수 있으니 한 번만 시도해 보는 거야." 나는 막무가내로 강하게 밀어붙였다.

그러던 그가 어느 날 하나 써 왔다고 부끄럽게 웃었다. 그 웃는 모습은 꼭 봄날 묵은 흙을 헤집고 올라오는 새싹 같은 모습이랄까.

의외로 그는 미술사적인 안목으로 직접 돌아보고 온 수많은 세계적인 미술관의 명화를 자기 나름의 관점이기도 하지만 아주 쉽게 부드럽게 풀어가듯 하나하나를 수필로 만들기 시작했다. 이 만하면 중수필로도 충분했다. 전문적인 안목이 아니면 볼 수 없는 곳까지를 찬찬히 알기 쉽게 수필에 담아내고 있었다. 이 놀라운 사실에 깊은 충격이 아닐 수가 없었다.

지금까지 나는 산천도 변화시킨다는 10년의 세월을 수필 쓰겠다고 아니 수필공부 한답시고 쫓아다녔지만 단 한 번도 내 작품에서 진정한 수필다운 수필의 맛은 물론 만족을 얻지도 못하고 이 무슨 방황인가.

처음 써 온 동생의 글은 나를 놀라게 했다.

감탄할 수밖에 없었던 것은 그의 글은 눈에 띄는 미사여구 한마디 없이 미의 극치라고 할 수 있는 미술 작품을 그렇게 잔잔한 물 흐르듯, 그 거대한 시대와 역사가 서린 예술 작품을 어루만지듯, 손길 같은 표현은 꼭 그의 성격이 말해 주듯이 조용히 지극히 순수하게 써 내려간 솜씨가 하나도 피곤하거나 어색하지가 않았다.

지난날 학생 시절 서울에서 공부할 때, 한 장씩 날려 주던 엽서가 나를 감동케 하더니 그 솜씨가 어디로 가겠나. 역사적이고 세계적인 거대한 인류문화 유산이며 예술 작품의 깊고 깊은 경지를 알기 쉽게 자신의 사색을 통해 수필에다 풀어 놓는 방식인 셈이다. 나는 너무도 감사했다. 아니 놀랐다. 우리 형제 중 먼저 간 동생이 일찍 문단에 등단했던 그 재주가 아까워 가슴이 아팠는데 이번에 나는 그 아래 동생 송희를 내가 발굴(?)한 것이 너무도 고맙고 자랑스러웠다.

남편을 떠나보내고 받아들이기 어려움에 너무나도 상심이 큰 나머지 건강을 잃은 것 같더니 지금은 입원 치료에 수술까지 받고 또 재발이 되고 생사가 힘겨운 투병 중에 있다. 얼른 건강을 추슬러야 다시 너만이 쓸 수 있는 글도 쓰고 좋은 그림도 그릴 것이 아닌가. 하나님 제 동생을 꼭 살려 주세요.

하나님, 제 동생을 꼭 살려 주세요. 그림도 글도 안 써도 좋으니 살려만 주세요. 제발 살려만 주세요, 하나님.

하얀 꽃들의 사연

우리 아버지께서 쓰시던 잡기장(노트) 표지에는 '아카시아'라는 필명(?)이 쓰여 있었다. 하얗고 깨끗한 아카시아 꽃은 향이 매우 상큼했고, 또 꿀이 많은 꽃이어서 온갖 벌들이 항상 모여들고 있었다. 그러나 내가 생각해도 꽃으로는 장미나 매화를 따를 정도는 아니지만 나름 깨끗하고 개성이 있었다.

아버지께서는 우리 형제들 하나하나 특징을 표시한 벌통을 갖추어 놓으시고 아카시아 우거진 마당 끝에서 벌을 기르셨다. 어머니는 벌을 친다고도 하셨는데 친다고 하신 말의 뜻은 아직도 이해는 안 되어도 재미있는 표현이었다.

특히 아카시아 꽃이 한창 필 무렵이 되면 벌들이 왕성하게 꿀을 날라 모으기 때문에 꿀이 금방금방 모인다고 아버지는 우리를 모아 놓고 자주 설명을 하셨다.

꽃이 절정일 때는 아마 열흘 간격으로 꿀을 뜨지 않았나 싶다.

그야말로 우리 집은 꿀 공장 같기도 했지만, 잔치가 벌어졌다. 그날은 온 이웃은 물론 사무실 직원들께도 꿀 한 병씩을 선물처럼 돌리던 그 시끌벅적이며 즐거웠던 풍경은 지금도 어제같이 선하다.

귀한 꿀을 공급하는 아카시아 꽃이 얼마나 고맙고 아름다웠으면, 아니 사랑스러웠으면 아버지는 당신의 필명으로까지 정하셨을까. 이렇게 벌을 직접 키우시면서 풍부한 경험을 토대로 아버지는 '가려 뽑은 꿀벌 치기'란 책도 쓰시고 꿀을 채취하는 기계를 직접 고안해서 훌륭한 회전식 채취기로 꿀을 쉽게 자주 뜨신 것 같았다.

또 꿀을 너무 자주 뜨니 수분이 많다고 꿀을 담은 커다란 그릇을 장독대 위에 올려놓고 햇볕과 바람에 말리던 풍경도 잊을 수가 없다. 가난하던 그 시절이었는데도 우리는 꿀을 먹으면서 밝게 자란 것은 우리 아버지의 특별한 사랑과 관심이었던 것 같다.

언제나 아버지의 생활은 과학적이셨고, 연구와 공부하시던 태도는 우리 자식뿐만 아니라 주위 분들에게도 모범을 보여 주셨다. 나는 아버지를 존경도 하지만 몹시도 자랑스러워 생각하면 할수록 그립고 보고 싶다. 이제는 아버지도 어머니도 벌써 가신지가 오래다. 인생사란 허무하고 허무할 뿐이다.

요즘 봄은 무르익고 꽃은 만발한데, 특히 이팝꽃이 얼마나 아름답게 가로수로 역할이 훌륭한지, 거리의 미관을 여간 상쾌하게도 돋보이게 하지 않는가?

얼마 전까지만 해도 향기 가득한 아카시아 꽃을 볼 수 있었는데, 왠지 요즘은 보이지 않는다. 그럼 이팝꽃이 대신해서 저리 아름답게 튼실하고 산뜻한 모습으로 거리를 새롭게 단장하는가. 한 도시를 유지 발전하는 데는 전문적인 차원에서 가로수의 수종도 바꿔 가면서 선정이 되는 것 같다.

연전에 강원도 춘천에 가서 흰색 꽃이 너무도 아름다워 처음 보는 가로수를 보면서 꽃 이름을 물어볼 정도로 낯설었는데, 그 사이에 가는 곳마다 이팝꽃 나무 가로수가 아름다웠다. 언제 어디서 이토록 잘 키워서 도시를 바꿀 만큼 준비를 하고 있었을까. 참으로 보이지 않는 노력과 계획하는 정신이 다 놀라웠다.

한때는 서울 시내에서 은행나무가 유행처럼 가로수로 바뀌어서 가을날 멋진 낭만은 연인들의 마음을 들쑤셔 놓기까지 했는데, 냄새가 고약하다고 불평과 트집을 쏟아낸 것은 어느 층 어느 세대였을까. 그래서 이제는 이팝나무가 더 이상적이라고 가로수로 다시 바뀐 것이 아닐까. 하기야 가로수 하면 남도 백리 길 벚꽃의 향연도 빼놓을 수 없다. 세상 어느 가로수가 그렇게 아름다울까.

사람들이 사는 세상은 참으로 바람직하거나, 또는 순리적인 방향으로 지향되기 마련인 것은 당연할 수밖에 없다.

그런데 이맘때면 한창이던 아카시아는 다 어디로 갔는가. 그 아름다운 모습이며 벌들의 잔치도 볼 수 없으니.

“이제 우리 산야에서 아카시아는 점점 사라질 거야. 아카시아 뿌리는 같이 자라는 다른 식물의 성장을 방해할 만큼 왕성해서 그 피해가 커서 그냥 둘 수가 없나 봐.”

전문적인 연구도 한 적이 없는 남편의 논리를 다 믿으려니 마음이 괴로웠다. 나에게는 남다른 추억이 있는 아카시아가 아닌가. 아카시아 하면 아버지가 생각나고, 아버지 하면 아버지 필명이 함께 떠오르는데 꿀보다 더 달콤한 행복이 담긴 추억을 이제 어쩌란 말인가.

6·25전쟁 이후에 아니 유신체제 이후에 벌거숭이산을 가장 빨리 푸르게 하기 위해 아카시아를 열심히 심었는데, 아카시꽃이 피면 향기는 물론 꽃 속에 담긴 꿀을 찾아 벌, 나비들이 얼마나 모였는데.

우리 아버지가 그토록 사랑한 아카시아가 이제는 퇴출이라는 비극적인 운명을 맞는다니 가슴 아픈 소식이 아닐 수 없다.

언제 매스컴에서 지구상에 벌이 사라지고 있다고 했을 때, 그럼 꿀 채취를 못 하니 꿀값이 올라가겠구나. 자연의 변화가 어디 벌과 꿀뿐이겠는가?

나는 아카시아의 수난을 알려주는 남편에게 “우리 너무 오래 살면 아카시아보다 더 슬픈 일도 당할지 몰라요.” 부모님과의 이별뿐 아니라 동생들을 떠나보내는 아픔은 무슨 변고란 말인가.

그리운 아버지

나는 지금까지 수필을 쓴다고는 하고 있었지만 쓰겠다고 마음먹어 보기는 벌써 십여 년은 되는 것 같은데 사실 그동안 내가 쓴 글에 대해서 내 마음에 들어 본 적이 과연 몇 번이나 있었을까 싶다. 아니 있기는 있었을까. 기억도 나지 않는다.

그럼에도 불구하고 수필집까지 만들어 어쭙잖게 출판까지나 했으니 이런 어불성설인 내 자신이 부끄럽기가 짝이 없다. 그뿐인가, 주위에서 가족이나 친구들이 그냥 해 주는 칭찬에 어린애처럼 용기를 얻기도 하고 덩달은 것도 사실이다. 이 가소로움을 어쩌겠는가. 그렇지만 더 노력해야 한다는 절실함은 항상 깨닫고는 있었다. 하지만 글을 쓴다는 것이 나에게는 너무도 어려운 작업이 아닐 수 없었다. 때로는 후회도 하면서 그만둘까 실망에 빠져 본 적도 한두 번이었을까.

그런데 미처 생각지도 않았던 내 부족한 수필집에서, 그 수필

집 때문에, 그 수필집이 아니었으면 꿈도 꾸지 못했을 감동을, 아마도 이런 상황은 책만이 가질 수 있는 힘이라고 할지 위력이 아니었을까 싶다.

보잘것없는 수필집이지만 그를 통해서 너무나도 소중한 인연을 만남으로 하늘에 계신 사랑하는 나의 아버지를 즐겁게 해 드린 것을 생각하니 이보다 더 행복한 일이 어디 또 있을까.

고향 안동에 있는 내 친구 김동순(金東順)이는 초등학교부터 같이 다녀서 어지간한 추억쯤은 다 공유할 수밖에 없을 만큼 서로가 집안까지도 잘 알고 지금까지 서로 자주 오가지는 못해도 전화로 안부를 확인하는 믿음직한 그리운 친구이다. 이 친구에게 나는 부족한 수필집이지만 언제나 기꺼이 보내 줬다.

친구도 안동에서, 안동에서만 만날 수 있는 전통 내방 가사를 열심히 연구도 하면서 좋은 작품을 많이 쓰고 고향을 지키는 자랑스러운 재원이다.

친구 남편은 고등학교 교장 선생님으로 정년퇴직을 하신 분이다. 지금도 많은 활동으로 구십이 한참 넘은 연세에도 젊은이 못지않게 건강하시다고 하니 매우 부러웠는데 이분이 우리 아버지를 자신의 은사라고 당장 알아보신 것은 나의 부족한 수필집 『질마재에 부는 바람』에서 퇴계 종손이 추억했던 아버지(張師宇)를 금방 알아보시고 자기의 안동농고 시절 은사님이라고 밝혔으니 친구는 아버지의 몰랐던 경력에 많이 놀랄 수밖에. 이 친구는 우리 아버지가 그냥 다른 기관에 기관장 정도로 알고 있었는데, 안동농고에서 교편을 잡았다는 사실은 당연히 몰랐을것이다.

아! 우리 아버지의 젊은 날은 오늘 저 햇볕처럼 찬란하지 않았을까. 항상 공부하고 노력하시던 아버지가 그립고 자랑스러웠다. 기억해 주신 권 교장 선생님이 너무도 고마웠다. 그리운 아버지를 만난 것이나 진배없이 반가웠다. 그리고 이렇게 행복할 수가 없다.

그때 아버지께서는 아마도 사십 전후가 아니었을까 싶다. 한참 청춘(?)이 아닌가. 모르긴 해도 도전을 좋아하는 용감한 의지의 멋쟁이가 아니었을까.

그 당시에 농림부 김영준 장관께서 순시(?) 차 오셔서 지난번 왔을 때 브리핑했던 젊고 키 큰 청년 직원을 찾았다고 했다. 그 키 큰 젊은이는 바로 우리 아버지시다. 장관께서 그때 브리핑 이후에도 유능한 젊은이를 기억했고 다시 와서 찾았을 때는 이미 아버지는 안동농고로 전직한 다음이었다.

그 기간은 아마도 일 년이나 이 년 정도인 것으로 지금 나는 추측을 해 본다.

아버지가 전직한 사실을 알고 장관께서 크게 역정을 내시면서 그런 인재를 놓치면 되느냐고 당장 원대 복귀를 시키든지 방법을 강구하라는 명령을 내릴 만큼 심각했다는 후일담을 우리 가족은 흥분으로 들은 적이 있었다. 그뿐인가, 김영준 장관을 오래도록 잊지 않은 것은 물론이지만 늘 고마운 분으로 기억되었다.

아버지의 학교 근무가 얼마 동안이었는지는 지금까지도 수수

께끼일 수밖에 없다.

그러나 아버지의 학교 근무는 오래지 않은 것만은 틀림이 없다. 그 짧은 기간임에도 불구하고 권 교장 선생님께서 아버지를 잊지 않고 스승으로 기억하신 것이 더 감동스러워 눈물 나게 반갑고 고마웠다. 역시 그 스승에 그 제자란 말이 그냥 생긴 명언이겠는가. 과연 범상치 않은 제자였구나. 교장은 아무나 하는 것이겠는가. 짧은 만남에도 훌륭한 제자는 훌륭한 스승을 기억하는구나! 그리고 그 오랜 세월에도 잊지 않으신 스승에 대한 기억은 참으로 대단했다. 감동적인 사제지간이 아닐 수 없었다.

80년이 흘렀으니 한 세기를 넘나드는 세월인데 아버지의 향기를 새삼 느껴보는 이 귀중한 인연의 끈을 내 부족한 수필집이 그나마 그 역할을 했구나.

부모님은 가실 수밖에 없는 세월이니 어쩔 수 없지만 그렇다고 해도 그때 상황을 너무나 잘 알고 있을 언니라도 살아 있었으면 지금 이 상황을 얼마나 감동했을까. 권 교장 선생님 고맙습니다. 부디 오래오래 건강하세요. 두 내외분 행복하세요.

늘 그랬지만 우리 아버지의 딸이란 사실이 너무도 행복하다. 아버지를 다시 만나게 해 준 수필, 너도 사는 날까지 가장 가까이에 있을 나의 친구였구나!

5

고맙습니다

어머니의 지혜

이번 가을에 친정집에 내려가서 이틀 밤을 지내게 되었는데 부모님 모시고 형제들과 살던 곳이니 어느 것 하나도 정겹고 반갑지 않을 수가 없었으나, 구석구석 서려 있는 인생무상이 어찌 그리 애달기만 하던지. 풀 한 포기도 그렇지만 쓸모없어진 장독대 전경도 가슴을 먹먹하게 했다.

말로는 도저히 표현할 수도 없고 가슴 벅찬 감회가 마냥 기쁘지만은 않았다.

도로가 넓혀지면서 앞마당은 잘려나가서 좁아지고 만장 같다고 한 방들은 이상하리만큼 좁아진 것 같아 오히려 낯설었다.

연전에 모교 초등학교에 행사가 있어서 몇십 년 만에 찾아갔을 때 재학 시절에 바다 같았던 그 운동장이 너무도 작고 좁아서 나의 모교 중앙이 맞기는 한가 의심스럽기까지 했던 적이 있었다.

우리 식구가 오순도순 마당에 꽃도 심고, 해마다 이맘때쯤이면 겨울 준비로 창호지를 갈아 가면서 문풍지도 달고 국화잎으로 장식하면서 문 바르기 작업하던 날 부지런하고 멋있었던 아버지 모습이며, 온 동네 사람들에게 칭찬도 들어가면서 행복했던 보금자리였었는데. 한때는 방이 넓다고 송년회 모임을 맡아놓고 했건만, 지금 이 좁아진 방이 아무리 생각해도 이해가 잘되지 않았다.

이 기현상들은 그동안 나의 안목이 넓어진 것인지 아니면 덩치가 커져서 그 넓던 운동장이 손바닥만 하게 보이고 내가 지내던 방이 이렇게 귀퉁만하게 보이니 이런 것이 성장에 의한 착시현상인지 모르겠으나 아무리 생각해도 이해가 되지 않았다.

부엌에는 길이 잘 든 검정 무쇠솥이 한 인물 하면서 가운데 자리 잡고 있던 풍경은 사라지고 최신식 입식 부엌으로 개조가 된 것은 매우 바람직하고 다행이었으나, 세월과 함께 변한 것이 어디 무쇠솥뿐이겠나.

그때 어머니는 검정 무쇠솥을 언제나 윤기 나게 반들거리도록 잘도 닦으셨는데, 그때 잊지 못할 풍경 중에는 맛있는 곰국이나 오래 달여야 하는 죽 같은 것을 끓일 때는 언제나 물 한 그릇을 솥뚜껑 위에 올려놓고 같이 끓였다. 물그릇을 올려놓는 이유는 물이 솥뚜껑 위에 있으면 솥 안에서 끓는 물이 넘쳐나지 않는다고 하셨다.

어머니의 지혜가 이유는 정확히 알 수는 없어도 매우 과학적인 것임에는 틀림없었다.

나는 요즘 와서 무쇠솥은 아니지만, 곰국이나 죽을 끓일 때는 오래 잊었던 엄마의 방법을 상기하면서 실천할 때마다, 놀라운 사실에 탄복을 한다.

그 밖에도 어머니의 생활의 지혜가 알게 모르게 내게 습관처럼 전수가 된 것이 한둘이 아닌데 나는 내 아이들에게 무엇을 남겼을까, 보여 줄 만한 것은 있기는 할까.

지난날 어머니께서 아궁이 앞에 앉아서 불을 지필 때면 아버지가 직접 만들어 주신 나지막한 앉은뱅이 의자를 꼭 애용하셨다. 그때 그 모습이 재생 화면처럼 그대로 선명히 눈물겹게 떠올랐다. 어머니 아버지 보고 싶어요. 꼭 한 번이라도 좋으니 보고 싶어요.

인생은 너무 짧고 아쉬웠다.

아니 방 하나 독차지하고 싶었던 철없던 시절, 육 남매가 오순도순 아웅다웅 싸우면서 자라던 그들은 다 어디로 먼저 갔는지.

눈 깜짝할 사이

오죽했으면 받아 놓은 날짜라는 말도 있었을까.

세월이 빠르니 어떠니 해도 이토록 빨리 갈 줄은 정말 몰랐다. 하나같이 바쁜 아이들이 일주일도 아니고 이 주간이나 휴가를 내서 온다고 했을 때 그 바쁜 총 중에 그래도 그만한 시간을 내준 것이 너무도 고맙고 기특했다.

더구나 손자는 졸업하고 처음으로 취직해서 첫 월급을 할아버지한테 가는 데 쓰고 싶다고 제 아범한테 몽땅 맡겼다는 소식이 왔을 때 그것은 바로 감동이었고 눈물겨울 만큼 감사했다. 평소에도 이쁘다 이쁘다 했지만 하는 짓마다 이쁜 짓이니 금쪽같다는 표현도 손색이 없는 손자들이다.

이 귀여운 손자들과의 이 주일은 막상 당하고 보니 받아 놓은 날짜는 그야말로 눈 깜짝할 사이란 표현은 만고의 진리임이 틀림없었다. 꿀맛 같다는 신혼도 겪었지만, 이토록 빨랐을까.

후딱 가 버린 세월, 속절없는 세월, 순간이니 찰나니 하는 표현들은 알고 보니 다 시간이라는 속성에 지나지 않았다. 전광석화(電光石火) 같다는 표현은 문학적인 표현인지 과학적인 표현인지 아니면 인간의 마음에서 만들어 낸 것인지 그렇다면 얼마나 아쉬웠으면 아니, 얼마나 사랑했으면 그런 언어들이 표출되었을까.

우리 늙은이야 지금은 온갖 풍상에 찌들만큼 찌들었으니 무엇인들 겪지 않은 게 있을까마는 이번 손자들과 같이 뒹굴면서 겪어 보니 그 시간이라는 것은 허무함이 손에 잡은 새를 놓쳤다 해도 이렇지는 않았을 것이다.

첫날 도착한 아들은 귀국하면 언제나 제일 먼저 하는 일이 할아버지 할머니 산소부터 찾아가는 일이었다. 사랑으로 키워 준 참으로 뜨거운 은혜를 못 잊어 하는 모습은 가슴을 뭉클하게도 했지만 아름답고 기특했다.

"어머니 아버지, 준섭이가 이제 아들딸 잘 키워서 데리고 왔어요, 기쁘시지요? 엄마 아빠, 고맙고 너무 많이 보고 싶어요. 여쭈어보고 싶은 것이 너무 많은데, 먼저 간 언니 동생들 다 잘 있는가요 나만 두고 간 송희가 원망스러우네요. 부디 편히 계세요."

인간을 만물의 영장이라고 할 수 있는 가치는 은혜를 알고 감사할 줄 아는 것이 아닐까.

하얀 쑥부쟁이 꽃에 둘러싸인 비석만이 또 한 대(代)를 넘어서 데리고 온 증손자들에게 인사를 시키고, 이야기로만 들었을 옛 가족사의 한 자락으로나 감회를 맞았을까.

노환의 삼촌을 위문하고 용돈 드리고 1학년 때 담임선생님 찾아 식사 대접하고 또 우리가 영원히 잠들어야 할 헛(?)산소까지 찾아갔는데 여기서부터는 아이들 행동이 달라졌다. 책임감 같은 긴장감이 감돌 정도로 행동은 아주 진지하기도 하면서 주도면밀하게 위치와 방향 거리 가는 길 심지어 표시물 등을 꼼꼼히 사진으로 세밀히 담아 요즘 길 안내 방식인 내비게이션까지 작성하고 있었다.

정확히 해 놓아야 다음에도 할아버지 할머니를 잘 찾아올 수 있다는 것이었다.

그야말로 빈자리에 표시 비석만 세워진 앞에서 손녀는 벌써 어디까지 무엇을 생각했는지 울고 있었다.

"할아버지 할머니가 오실 곳이라니까 너무 슬퍼요."

"할아버지 할머니 아직 오지 않았으니 울지 마라."

"우리 인생도 자연이야 예쁜 꽃도 시드는 것처럼 육신은 가도 다행히 영혼은 하늘나라가 있지 않니. 거기서 또 만날 거야."

오늘 행사가 거의 끝난 것 같았으나 바쁜 외숙모를 지난번에도 못 뵈었다고 기다려서 만나 뵙고 가자니 고향 방문은 늦어져서 자정 가까울 무렵에서야 집에 돌아올 수 있었다.

피곤을 무릅쓰고 강행군한 것은 휴가를 알뜰히 쓰겠다는 각오이지만 무리를 한 것 같았다.

할아버지께서는 오늘 행사가 손주들에게는 훌륭한 산 교육이 되었다고 칭찬을 많이 하셨다.

저희들이 계획한 것은 할아버지와 즐거운 여행을 하자고 했지만 걸음이 불편한 할아버지는 사양했으니 서운했지만 어쩔 도리가 없었다.

아들은 틈틈이 집안에 노인 생활의 불편한 점들을 찾아서 하나씩 손을 보기도 했다. 전선을 편리하도록 조절을 하고 가전제품을 점검해서 부품과 건전지를 갈아놓기도 했다. 작은아들도 바쁜 중이지만 자주 들러서 불편한 아버지를 도와 집안 곳곳을 편리하도록 꾸며놓고 간다. 가까이 살고 있는 딸도 우리에게 항상 잘하고 있다.

자식이란 하나님으로부터 받은 최대의 상급이라 알고는 있었지만 늙어 보니 이렇게 대견하고 감사할 수가 없다.

손자들이 필요한 쇼핑을 한다기에 길 안내도 할 겸 꼬박 따라다녔더니 매우 힘이 들었다. 쇼핑은 육신과 정신의 동시 노동이었다. 일일이 물건을 살피고 고르고 찾아서 좋은 상품을 구별할 수 있는 안목도 중요하지만 더 중요한 것은 패션 감각이었다. 이 모든 것이 민감한 사항이어서 신경을 쓰다 보니 더욱 피곤이 과중할 수밖에 없었다.

다음 날은 각자 부탁 받아 온 친척 방문도 있었고 만남으로 분주하기도 했고 또 손자들은 그들 나름 고국 방문에 다양한 모양새를 보이기도 했다. 물론 편찮으신 할아버지 문안이 주목적이지만 아범 친구들의 부탁으로 2세들과 모임의 시간을 갖게 하면서 허심탄회한 의견 교환의 시간도 요청을 받았다. 말하자면 신세대 인생 상담인 셈이었다. 지금 당장 절실한 진로는 물론이고 아메리카 진출에도 많은 조언과 안내가 얼마나 성과를 보였는지는 몰라도 우리말이 서툴고 불편함은 의외로 괜찮았다고 했다. 오히려 영어 할 기회를 마음 놓고 가질 수 있어서 더 좋았다고, 많은 도움이 됐다고 만족하는 것은 다행이었다.

그들은 물론 젊었기도 하지만 생각 자체가 달랐다. 그 바쁜 시간을 쪼개가면서 야간 야구 경기장까지 가서 응원 유니폼까지 일습으로 갖추어서 참여하고 온 것은 참으로 자유분방한 젊은이들만이 할 수 있는 대단한 열정을 보이기도 했다.

이렇게 늦을 때마다 할아버지의 못 말리는 염려와 걱정은 노파심이 되어 갈 수밖에 없었다. 그러나 다음 날 약속은 홍대 앞에서 조국의 젊은 저녁을 마음껏 느끼고 즐겼다고 매우 만족했다는 손자의 행복한 보고에는 할아버지도 신기할 만큼 흥미 있게 들어 주었다. 역시 젊은이들과 가까이한다는 것은 좋은 생각의 젊음을 공급 받을 수도 있구나.

그뿐인가, 매일 창출되는 새로운 경험에 마냥 즐겁고 그 소감을 전해 받을 때마다 할아버지와 나는 오랜만에 그들 젊음 속으로 함께 빠져드는 행복한 즐거움에 도취 돼 보기도 했다.

오늘은 또 어떤 일이 만들어질까.

강남역 근처라고 하면서 미국 돌아갈 준비로 선물을 사고 있다고 했다. 그것도 다 늦은 시간에, 언제나 부탁이 조심하라고 빨리 귀가를 원하는 것은 노인들의 주특기였다.

한 아름의 선물을 안고 들어 왔다. 그런데 한결같이 물건(상품)이 세련되고 값도 비싸지 않았다고, 발전된 조국의 위상을 만끽한 것까지는 좋았는데 돌아오는 길에 한국의 술, 소주가 너무도 맛이 있고 값이 싸다고(미국서는 100불 내지 150불) 한 아름씩 양손에 잔뜩 들고 왔다. 나도 처음 보는 분홍색 캔인데 음료수 같은 소주는 맛도 독하지 않고 술이라기보다 산뜻한 향기가 나는 것이 얼마든지 마실 만하기도 했다. 맛이 아무리 좋아도 술인데 이미 잠잘 시간이 지났음에도 불구하고 또 술 파티는 계속되었다. 아직 못다 한 이야기도 많았다. 그러나 늙은이들의 단조로운 일상에는 대단한 파격이 아닐 수 없었다.

고국이지만 낯선 곳에서 말도 원활치 못한데 늦도록 돌아오지 않으니 늙은이들은 애간장을 끓였고 거기다 술까지 마신다 하니 더 가슴이 탈 수밖에 없었다.

돌이켜 보니 우리 젊은 날도 어른들에게는 그 행동이 지금과 같은 이질감이 왜 없었겠나.

술은 적당히 마셔야지 밤을 새운다는 것은 할아버지한테는 도저히 용납되지 않았다.

아이들은 밤을 꼭 수면시간이라고 생각지 않았다.

밤을 새워가면서 공부도 할 수 있고, 일도 할 수 있고, 술도 마실 수 있다는 것은 다 밤낮을 구별할 필요를 느끼지 않는다는 그들의 생각이었다.

이미 습관화된 생활이며 사고방식이 되어 놀든지 일하든지 저희들이 알아서 하는 생활이 바로 지금 젊은이들의 사고방식이었다. 저 아범도 이 문제만은 아이들에게 맡긴다는 것이다. 이제 우리는 이 생소한 새로운 방식 앞에서 완전 늙은 꼰대가 될 수밖에 없었다.

우리 집 노인에게는 있을 수도 없을 뿐 지난날이라도 되돌아볼 만도 하건만 눈에 넣어도 아프지 않은 귀여운 손자들의 몸이라도 상할까 봐 안절부절 노심초사로 애면글면하는 할아버지가 더 이해가 되지 않았다. 아니 불쌍했다. 완전히 구세대.

이 못 말리는 손자 사랑, 젊은 시절에는 가장 첨단을 걸었다는 그 경험은 어디로 가고….

세월이 흐른 건지 사람이 늙은 건지.

“여보 당신도 젊은 날이 있었지 않소. 저렇게 좋은 세상 만나 조국을 믿고 만족하면서 즐기는 것이 얼마나 행복합니까. 얼마나 다행입니까. 감사하고 감사할 일입니다. 좀 두고 봅시다. 뭐 탈선을 하는 것도 아닌데.”

나는 어쩔 수 없이 중립을 지키는 역할을 할 수밖에 없었다.

실은 애주가인 할아버지가 나보다 더 이해할 것 같은 상황인데도 그냥 애를 태우는 것은 손자 사랑이 지나치다 못해 집착이 돼 버린 할아버지가 더 이해할 수도 없는 난감이었다.

그러나저러나 벌써 이 밤만 지나면 돌아가야 하는 날이다.

그야말로 받아 놓은 날은 꿈같이 지나갔다. 전광석화니 찰나니 눈 깜짝할 사이라는 표현은 하나도 지나치지도 엄살도 아니고

과하지도 않았다.

그동안 가장 후회된 것이라면 할아버지가 불편하더라도 여행을 갔어야 했는데 제일 후회로 남았지만 아이들은 건강했던 날의 할아버지를 기억하고 있었다. 여행보다 더 아름다웠던 손주들의 기억이 우리 늙은이를 행복하게 해 주었다. 그리고 참으로 새롭고 사랑스러울 뿐만 아니라 지금 세대들의 활기차고 건강한 세계와 새로운 정신을 일깨워 준 것은 틀림없었다.

손주들이 아니면 저렇게 멋진 젊음의 세계를 속속들이 어찌 다 느껴 볼 수 있었겠는가.

언제나 떠나는 날은 괴로웠다. 공항의 이별만큼 매정한 이별이 또 있을까.

한때는 공항까지 따라가지 않겠다고 투정도 부렸지만 오늘은 할아버지 대신해서 내가 떠나보내고 올 수밖에 없었다. 언제나 넘치는 할아버지의 자정(慈情)이 과해서 항상 나는 계모 역할로 수평을 잡았지만, 오늘은 그 안타까웠던 남편의 마음도 이해가 되기도 했다.

헤어지고 만나고는 다 공항의 풍경이 아닐까. 그토록 잘 챙기고 활발하던 주인공이 참석 못한 이번 이별은 아직도 못다 한 여운이 있었고 건강히 다시 만날 날을 기약해 보는데 함께 하지 못하고 집에 혼자 남아서 같이 못하는 외로운 이별이 서러울 뿐이다.

전보감

세월을 빠르다고는 하는데 젊은 시절보다 나이 먹어 갈수록 어쩌면 주어지는 시간이 많아지는지 자유로울 수도 있고 여유롭다고나 할까. 자신을 돌아볼 수 있는 한가로움이 아닌가 싶다. 물론 출근하는 일은 벌써 끝났으니 그럴만도 하겠지. 이렇게 점점 한가한 시간을 가지니 자연히 지금까지도 몰랐던 말하자면 시댁의 작은 흑 역사(?)까지는 아니더라도 부끄러운 가풍을 더러 들려주는 실토의 시간도 자연스럽게 갖게 되었다.

이런 것들은 비밀이라기보다 지금까지는 체면상 숨기던 사실도 이제는 곧장 서슴없이 더 이상 숨길 것도 없고 해서, 털어놓기도 한다. 그것은 재미있기도 하지만 어떤 때는 분노스러울 때도 있으나, 이제 와서 어쩌겠나. 다 지난 세월이고, 늙어 바꿀 수도 물릴 수도 없는 웃고 넘길 수밖에 없는 사실들이 아닌가.

아무리 다 살았다고는 하나 갈 길도 얼마 남지는 않았지만, 지금이 그래도 웃고 추억하고, 이해할 수 있는 여유로운 시점에 온 것만은 틀림없다. 나이 든다는 것은, 우선 건강이 가장 문제 될 수밖에 없다는 것도 당연하다. 그러니 왜 우리라고 아픈 곳이 없겠는가. 그렇지만 우리는 아이들에게 아프다고 연락한 적도 없지만 당장 연락하고 싶지도 않다. 멀리 살고 있을 뿐만 아니라, 하나같이 바쁜 그들에게 알리지 않고 자체 해결하려고 노력은 하는 편이다. 나중에라도 알게 되어 원망을 들어도 아이들을 괴롭히거나 시간을 뺏지 않으려는 마음은 부모들이라면 다 똑같은 생각을 하고 있지 않을까.

그것은 물론 바쁜 아이들을 위한 배려이기도 하지만, 늙은 어미 아비의 자존심이기도 하다. 참 늙어 보니 하찮은 것도 신경 쓰일 때가 많은 것 같다. 그러나 요즘은 어쩔 수 없이 늙는 데에는 별 대책이 없다는 사실이 딱할 수밖에 없다.

남편이 추억하는 것 중에는 어렸을 때 조부모님을 모신 백부님께서는 그 당시 차남이신 우리 시아버님에게(대구에서 사업을 하는 중) 객지에서 물론 어렵고 힘들다는 것은 다 알고는 있었지만, 할아버지께서 편찮으시기만 하면 아랑곳하지 않고 차남(우리 시아버지)을 향해 '부친위독'이란 전보를 그렇게 많이도 남발했다고 한다. 조금 감기 정도만 되어도 어김없이 '부친위독'이 날아왔으니.

육이오전쟁 전이니 경상북도 북부지방 오록이라는 두메산골까지 그 당시 교통 사정은 열악하기가 지금은 상상이 안 될 정도이지만 차남인 아버지께서는 아무리 바빠도 열 일 제치고 갔다 오셔야만 했다. 물론 지엄하신 부친의 일이니 당연히 병문안이라기보다 도움을 드리고 와야 했다. 그렇지만 사흘이 멀다고 '부친위독' 전보를 남발하니, 그때 어린 소견에도 괴로웠지만 지금 생각해도 심했던 것 같았다고 남편은 그 당시를 회상했다.

아무리 그 시절 가부장제도가 위상을 떨치던 시대이지만 자식의 입장은 아랑곳없고 당신의 안위가 더 중요한 시대라고는 해도 지금 와서 생각해도 심하지 않았나 하는 생각이 든다. 그때도 할아버지 병환보다 백부의 호들갑이 지나쳐 성가심이 더 힘들었다고 했다. 이런 말도 있다. 때리는 시어머니보다 말리는 시누이가 더 어떻다는 말도 있듯이, 웃음이 난다.

요즘 건강이 좋지 않은 남편은 물론 나마저도 어디가 좀 이상이 있어서 괴로워하면, "이 정도면 전보감인데" 하고 농담을 한다. 우리는 웃으면서 하는 농담이지만, 그 속에는 아이들도 보고 싶다는 마음이 담긴 것은 틀림이 없었다. 아직은 둘이서 웃고 있지만 언젠가는 혼자가 되어서 더 한 외로움까지 쌓이는 날에는 지금을 회상하면서 웃어야 할지, 울어야 할지 생각하고 싶지 않은 서글픈 일이다.

때로는 전화가 와도 "우리는 잘있다"고 얼버무린다. 매일 오는 국제 전화(보이스톡)에도 "너희들이나 몸 성히 잘 지내거라 우리는 잘 있다." 해외동포가 어쩔 것인데…. 늙어 보지 않고 저들이 어찌 늙은이를 이해할 것인가.

앞으로 있을 전보감의 위기를 잘 넘길 수 있는 힘은 우리 스스로가 쌓아야 할 것이다. 늙어 보지 않고 지들이 어찌 늙은이 마음을 이해하겠는가?

2021. 7.

엎드려 절 받기

우리가 살아가면서 무슨 일이나 잊지 않고 다 기억한다는 것은 과연 최상의 방법이라고 할 수 있을까. 생각해 보면 꼭 그런 것만은 아닌 것 같다.

더러 잊어버리기도 해야지, 가슴 아프게 괴로웠거나 몹시도 슬펐거나 아니면 죽도록 미웠거나 또는 부끄러웠던 경험이나 기억들은 빨리 잊을수록 건강에도 좋을 뿐 아니라 살아가는데 필수 요건이 아닐까.

그렇지만 잊어서는 안 되는 것도 얼마든지 많다.

지금은 오래된 옛날이지만 나는 그때 생일이 오는지 가는지 별 관심이 없던 시절이었는데 어머니께서 미역국을 끓이고 밥도 고봉으로 담아서 생일날 깜짝쇼를 해 주신 것은 참 재미도 있었지만 잊혀지지 않는다. 잊을 수가 없다. 생각날 때마다 감사하고 두고두고 반추할 수 있는 행복이었다.

모자라거나 덜 떨어진 반푼이를 두고(동창이 밝으면 아침인 줄 알고 밥그릇이 높으면 생일인 줄 안다)는 농담 같은 속담을 비유해서 그날 밥을 우스꽝스러울 만큼 고봉으로 만들어서 웃겨 주시던 우리 엄마의 유머가 그 시절답잖게 뛰어난 개그였던 것 같다.

이제 나이도 먹을 만큼 먹었고 어머니도 오래전에 가시고 해마다 맞는 생일이건만 뭐가 그리도 중요한지 옆에서 기억해 주지 않으면 삐지기도 하고 서운해했던 것을 보면 아직도 얼마를 더 성숙해야 사람이 되는지 그 부족함은 내가 생각해도 유치하기 짝이 없다.

어머니께서도 어쩌다 생일을 잊을 때도 있었는데 그때마다 몹시도 미안해하시며 자책을 하시기에 괜찮다고 내년에 또 오는데 뭘 그러세요, 내가 더 미안해서 위로도 해 드렸다. 실은 우리 형제가 육 남매였으니, 더러 잊을만하지 않겠나.

하지만 어머니는 “내년에는 시집가야지 언제까지 생일이나 받아먹고 있을 거냐. 어미가 잘못했다”고 하시며 사과를 하고 또 하고 괴로워하셨다.

낳아 주시고 키워 주신 그 고마움도 고생도 만만찮을 텐데 그깟 생일 한 번 놓쳤다고 그렇게 자책하시던 우리 엄마가 오늘따라 너무도 보고 싶고 그립다.

너무나 순수했던 우리 엄마, 천국 가면 꼭 만나서 생일상도 같이 받아 보고 싶다.

시월이면 좋은 계절에 태어났다고 칭찬도 해 주더니 그 마누라 생일이 바로 내일인데도 기억을 못 하는지 안 하는지 아무 반응이 없다. 멀리 살고 있는 아들 며느리 가족들이 카톡으로 메시지가 야단스럽다. 국내 아들 며느리도 축하 전화에다 축하금도 부쳤다고, 딸은 아빠한테 직접 전화로 내일 좋은 데 가서 점심 사겠다고 하는데 눈치도 못 채고 별다른 생각 없이 그냥 시간만 맞추고 전화를 끊는다.

특별하지는 않아도 우리 집의 내무대신(?) 아니 국무총리라고 자주 추켜세우던 안주인의 생일도 모르고 어쩜 저렇게 벽창호가 다 되었을까.

기억도 않은 남편이 서운했지만 하는 수 없이 고의는 아니니 자신을 달랬다.

이쯤 되니 나도 오기가 났다. 끝까지 입을 다물고 미역국에 소고기를 듬뿍 넣어 끓이고 냉장고를 뒤져서 한상 가득 푸짐하게 차렸다. 우리 부모님을 생각하면서 조용히 참기로 했다. 이만하면 무안을 당할 만할 것이고 사과는 하겠지.

식탁으로 나온 남편은 놀라면서 오늘 무슨 날 같구나, 점심에도 잘 먹어야 하는데. 아직도 마누라 생일은 떠올리지도 못하고 무슨 과식할까 봐 걱정부터 하는 게 아닌가.

염려 말고 적당히 드세요. 오늘이 내 생일이잖아. 당신이 기억해 주지 않아 섭섭했지만 우리 부모님 은혜에 감사하면서 차렸어. 사위 좋아한 장인 장모도 오늘 당신의 이 무관심은 달갑지 않을걸.

아! 오늘 당신 생일이구나 축하해. 겨우 엎드려서 절 받은 셈이 되었다.

그래서 점심 산다고 했구나. 말을 했어야 할 것 아니야, 아니 명섭이는 왜 조용하냐? "벌써 돈도 부쳐오고 다 했어. 미국서도 왔단 말이야."

자식들이 무슨 죄가 있다고 정작 자기는 옆에서도 아무 생각이 없었으면서 뻔뻔하기는, 엄마는 한번 잊었다고 그토록 사과하고 미안해하셨는데 이 남자는 사과 한마디도 변변찮다. 도대체 무슨 배짱일까.

사실이지 우리가 내년에도 건강하게 생일을 맞을 수 있다는 보장이 있기는 할까. 엄마는 시집가 버리면 못 해 준다고 노심초사였었는데 이제 우리에겐 더 절박한 생사 문제가 아닌가.

앞으로 몇 번의 생일을 맞을 것인지 사는 날까지는 노력을 더 해야 할 것 같다. 엄마의 고마움이 더 새록새록 떠오르는구나.

엎드려 절 받기가 된 생일이지만 그저 감사하고 감사해야 될 것 같다.

살아 있다는 것만으로도 감사해야 할 것이다.

뒷정리를 하면서

어린 시절 소꿉놀이하다가 엄마가 저녁 먹자고 부르면, 집 짓고 방 만들고 차려 놓은 살림을 발로 다 허물고 살림살이도 버리고 저마다 집으로 달려갔다. 뒤돌아보는 일도 없이.

뒷정리는 다 한 것일까. 마냥 젊은 날을 돌아볼 수만 있다면 사진 한 장은 귀중한 추억이고 확실한 흔적일 수도 있지만 끝나는 시점도 언제가 될지 알 수가 없으니 건강도 장담할 수가 없고 지금 정리해 두는 것이 괜찮을 것 같다.

책을 정리해 봤는데 웬일인가. 정리하자마자 금방 필요해서 후회한 적이 있었다. 사실 일 년 가야 한 번도 펴 보지도 않아서 없앤 것인데 그게 아니었다. 버리고 나니 당장 필요했다. 확실하지 않은 것은 책 속에서 확인해야 했고 또 참고할 일은 없어진 책 속에 꼭 있었으니 책은 정리해서는 안 될 것 같다. 우리 어머니 말씀에 사람과 연장은 언제 쓰여도 꼭 쓰인다고 하시더니 책은 우리한테 꼭 필요한 연장임에는 틀림이 없었다.

사진은 좀 다르지 않을까.

남편은 나중에 몸이 자유롭지 못할 때 사진이라도 보면서 위로를 받으면 어떨까 했지만 지금 건강할 때 정리하지 않으면 아이들에게 짐 거리만 물려주는 일밖에는 없을 것 같았다.

그동안 사진을 참 많이도 찍었다. 사진 가지고 버리느니 마느니 고민해야 하는 것도 우리가 아마 마지막 세대가 되지 않을까. 요즘처럼 핸드폰으로 찍고 시간이 지나면 자연히 지워지는데 쌓아 둘 필요는 없을 것 같다.

얼핏 생각하면 과거를 없애는 것 같기도 하고 미래도 마찬가지지만 세상에는 할 일도 많은데, 하루가 다르게 발전하고 있지 않는가.

실체는 생명이 끝나고 한 줌의 흙이 되는데 사진이 뭐가 그리 중요한가. 아니, 그래서 더 중요할지는 모르지만.

유관순 정도의 업적이라도 있다면 그의 초상은 천대 만대 필요할 것이다.

평범한 삶, 곧 잊히고 소멸됨은 훗날을 위한 정리요 정돈이 아닐까.

앨범을 간수한다는 것은 큰 의미가 없을 것 같다.

우선 한 권부터 정리하는데 의외로 간직하고 싶은 것도 많았다. 아이들의 좋은 추억은 다 모아서 돌려주기로 하고 부모님과의 추억도 소중하지만 어디까지나 한계가 있었다. 나의 부모님은 나에게서 그만 끝을 내야 할 것 같다. 아이들에게 물려 줘 봐야 천덕 늙은이가 될 것이 뻔한데 내가 깨끗이 정리하는 게 좋을 것 같았다.

이렇게 첫 권을 해체하는 데 종일 걸렸다. 잠깐이지만 그 시절로 돌아가서 콧등이 시큰하기도 했고 또 배꼽을 잡기도 할 만큼 웃기는 장면도 있었다.

친구들이 반갑고 그리워 안타까운 장면도 있었지만, 과감히 정리를 했다.

내가 아닌 누가 이런 감동이 있을 수 있겠나.

어쩌면 너무 빨리 정리하는 건 아닌지 아쉬움이 종일 마음을 아리게 했지만 없애는 데는 용기도 필요했다. 나머지 앨범을 다 정리하자면 시간도 필요하지만 잊었던 지난날 어디까지 날아갔다 올까 자못 궁금해진다. 부름 받을 날이 가까운 건 알겠는데 정확한 날짜는 알 수 없으니 뒷정리는 여전히 지지부진할지 모른다.

고맙습니다

요즘은 나이 들어서 그런지 살만큼 살았다는 증거인지 지난날들이 자주 생각나는데 물론 아름다웠고 행복했던 추억이라면 당연히 하나하나가 다 감동일 수도 있고 그리움일 수도 있으니 고맙고 감사할 수밖에 없지만 꼭 아름답고 행복한 추억만이 중요한 것은 아니었다. 아름다운 추억만 있는 인생이 어디 있겠는가. 그런 인생이 있기는 있을까 있다면 그 인생은 도대체 어떤 인생일까.

다시는 생각하고 싶지도 않을 만큼 아픈 기억, 괴로웠던 일, 절박했던 사건들도 있었지만 지금 와서 돌아보니 아픈 기억이라고 다 슬프거나 원망스럽거나 한이 될 일만은 아닌 것 같았다. 어려움을 참고 극복한데 대한 보상 같은 것인지 그 모든 상처도 아픈 기억도 고맙고 감사한 것은 무엇일까.

옛날 죽장 나그네가 지쳐서 고갯마루에 올라서면 고달프게 걸어온 추위와 배고픔, 병마와 싸운 그 길을 돌아보면서 당당히 참고 이겨 낸 자신의 행적이 그렇게 대견했다는데 어쩌면 지금 나와 비슷한 심정이 아니었는지도 모를 일이다. 어짜피 인생은 나그네가 아닌가.

그렇다면 나는 지금 어디쯤 가고 있단 말인가. 아니, 어디까지 살아온 것인가.

그 고개 정도는 벌써 지나온 것 같은데.

우리집 가장은 특별히 자상하거나 소심하지는 않아도 그런대로 자기 일에는 충실했고 딸 바보 소리를 들을 정도로 아이들에게 관심이 많았다. 특히 중요한 진로 문제에 대해서는 너무 적극적으로 관여해서 지나친 간섭이나 독선이 아닐까 염려도 했는데 강력한 추진력으로 오히려 아이들을 잘 이끌어 온 것은 무엇보다도 고마울 일이었다.

지금은 다 지나간 옛일이 되었지만 남편은 마흔다섯 살 때 청천벽력 같은 암 선고를 받은 적이 있었는데 이미 병세가 6개월밖에 살 수 없다는 시한부 판정까지 받게 되었다. 그 암담하고 모진 절망 속에서도 정신을 놓지 않고 당장 나에게 운전 연수부터 받게 했던 것은 아직 어린 우리 아이들에게(중1, 초6, 초3) 필요한 혜택이 한 가지라도 단절되어서는 안 된다는 아빠로서 간절했던 가장 큰 이유였을 것이다. 아빠가 없으면 누가 우리 아이들을 데리고 휴가라도 다녀 주겠는가 하는 우려였을 것이다. 지금 다시 생각해도 고마울 뿐이었다.

또 가장 고마운 것은 그 어려운 치료와 수술을 반복하면서 싸워 이겨낸 사실은 아마도 우리 인생에서 가장 위대한 삶을 위한 도전이라기보다는 우리 가족을 위하여 싸워 이긴 최대의 결전이 아니었을까. 당시만 해도 암 치료는 매우 후진성을 면치 못하는 치료 방법이었음은 당연했을 것이다. 지금도 암은 극복되지 않은 것을 보면 40여 년 전이였으니 당연하지 않았을까. 수술 방법이나 화학 요법이며 가장 어렵고 힘들었던 항암 요법은 지금 생각해도 그 모든 치료 방법들은 사람을 살리려는 치료인지 암을 죽이려는 치료인지 참으로 암담했다. 하지만 그동안 환자의 눈물겨운 고통은 죽음 앞에서 막다른 대결일 수밖에 없었다.

그렇게 무서운 6개월 시한부를 기적처럼 살아서 이겨냈다. 그 다음은 1년을 이겼고 또 1년. 이렇게 나름 최신 요법이 도입되고 최고의 기술과 노력이 하루하루를 희망의 삶으로 쌓아 가게 한 것은 더 이상 고마울 수가 없었다.

그런데 이번에는 5년 생존설이 다시 나타났다. 얼마나 암에 대한 자신이 없었으면 절망적인 유언비어(?)가 다 나돌았을까.

같이 입원했던 요우들도 하나둘 사라지고 5년 생존설만이 세월을 무섭게 보내고 있었다. 하나님은 알고 계실 텐데 무식하고 불쌍한 인간은 칠흑 같은 불안 속에서 하루하루 날짜만 쌓고 있은 셈이 되었다. 태산준령은 높고도 험악했지만, 무사히 넘겼으니 이 또한 너무도 고맙고 감사했다.

지금도 무서운 후유증은 왜 없겠냐마는 그중에도 한없이 감사한 것은 하던 일에서 소임을 다 할 수 있었던 것이다. 정상적으로 정년퇴직까지 무사히 마칠 수 있었다는 것도 감사하고 우리 아이들의 뒷바라지를 할 수 있도록 해 준 것도 감사하고 그렇게 소원했던 막내 시집갈 때까지만이라도 살려달라고 애원했던 그 기도를 들어주신 하나님께 감사하고 또 감사해도 끝이 없었다.

딸의 손을 잡고 결혼식장을 입장하게 해 주신 하나님 감사합니다.

그것뿐인가. 평소 좋아하는 운동도 다시 하면서 제2 인생의 시작이 지금이라고 칭찬과 축하가 넘쳤다. 세계 여행의 기회가 있었을 때도 얼마나 고맙고 감사했는지.

이제 아이들은 자신들의 보금자리를 만들어 원근 각지로 떠나 각자의 삶을 개척하기 위해 노력하니 이 또한 고맙고 감사하다.

지금은 당연히 늙은이만 남았으나 이 평범한 일상마저도 한없이 감사할 뿐이다. 세월 속에서 늙지 않을 수는 없지만 외롭지 않을 수도 없다. 손자들이 보고 싶고 언젠가는 빈 둥지 증후군도 염려되고 치매도 무섭다. 그러나 암도 달아나는데 더 좋은 방법을 찾아 노력해 볼 것이다. 6개월 생존설, 5년 생존설을 모두 이겨 낸 실력인지 은혜인지 너무도 고맙기만 하다.

요즘은 과학정보시대답게 하루도 거르는 일 없이 아이들과 통화는 물론이고 동영상으로 얼굴을 마주 보면서 건강이며 온갖 것을 다 챙기고 점검하다 보니 우리는 아이들과 함께 어울려 살고 있는 것이나 다름이 없다. 타국 수만 리를 떨어져 살고 있는 가족이라 할 수 없을 만큼 좋은 세상이 이토록 빨리 오다니 죽기 전에 누릴 수 있다는 것도 얼마나 고마운지, 그토록 과학적인 것에 관심이 많으시던 아버지 생각이 간절하다. 앞으로는 천국과도 동영상 통화도 가능한 시대가 오지 않을까 기다려진다. 세상의 불가능도 과학이 다 해결하는 데 희망이 영 없다고는 할 수 없지 않을까.

이 과학만능시대에 우리라고 그냥 늙기만 하고 있어서야 되겠는가. 늘 아이들에게 버릇처럼 하던 잔소리 같은 상담을 조금만 다듬고 좋은 방향으로 생각해 본다면 늙은이의 주특기를 살려 상담사로서 역활이 가장 적합할 것 같기도 하다. 그렇지만 지금 시대에 꼰대 소리는 듣지 않아야 좋은 상담이 될 수도 있는데 그렇게 하자면 공부하는 상담사가 되어야 할 것 같다. 자식들과 손자 손녀 여섯 명을 모두 합치니 만만치 않은 상담 식구가 확보되었으니 이제는 부디 시대 감각에 뒤떨어지지 않는 상담사가 되어 보고 싶다. 그러자면 공부를 좀 더 열심히 해서 시대 감각에 뒤떨어지지는 말아야 할 것이다. 얼마나 고맙고 감사하냐. 이 나이에 새로운 일을 찾았으니 말이다.

한 가지 부탁

세상에는 변하지 않는 것이 있기는 할까.

불같이 뜨거웠던 사랑도 때가 지나면 식었는지 아니면 피 속으로 용해되었는지, 쇠붙이도 녹이 슬어 부식하고, 아름답고 향기로웠던 장미꽃도 열흘을 가기가 어렵다는데, 집안에서 요긴하던 것들은 쓸모가 없어졌는지 벌써 몇 년째 거들떠보질 않으니 내다 버려야만 정리가 될 것 같다.

이 모든 것들은 다 기한이 되어서가 아니라 그렇다고 쓸모가 없어진 것도 아니지만 계속 사용할 수 있는 나의 능력이 쇠퇴해져서 쓰지 못하는 것이 틀림없었다. 심지어 그릇도 그렇다. 그들은 하나같이 우리 엄마가 언제 다시 많은 손님을 모셔 놓고 가장 맛있는 음식을 자기한테 예쁘게 담아 뽐내면서 대접할까, 그 날만을 기다리면서 조용히 참고 있는 것 같았다. 접시 한 조각도 그들의 잘못은 없는데 이제 와서 죄 없는 그들을 버려야만 되는지 천 번 만 번 다시 생각해 봐도 내 잘못이고 내 능력 불찰이니 미안하기도 하고 허무하기가 이를 데 없다. 버림받아야 할 것은 그들이 아니고 쓸모없는 아니 쓸 능력이 없어진 내가 아닌가.

그뿐인가. 지금까지 잘 타고 다니던 그야말로 없어서는 안 될 아주 요긴했던 우리들의 발이 되어 준 애마마저도 그만 타기로 결정을 할 수밖에 없었다. 아니 더 탈 수 없는 지경에 이르고 말았다. 사실 아직은 얼마든지(?) 억지로라도 탈 수는 있지만 이번에 아들이 와서 내린 중대 사항에 굴복하지 않을 수가 없었다.

'아빠가 더 이상 운전을 하시면 남의 가게로 돌진하는 불상사를 일으킬지도 모른다'는 염려의 경고를 내린 것이다. 그렇다, 정확하게 보았고 맞는 판단임에는 틀림없는데 너무도 무섭고 슬픈 경고였다. 사실이다. 틀린 것이 아니다. 그동안 우리도 아닌게 아니라 조심에 조심을 거듭하면서 지금까지 불안한 운전을 하고 있었을 뿐이다. 남편에게는 발에 마비가 오는 원인 모를 증세에 시달리고 있는 중이다. 대 수술을 받았을 때 이미 예측은 있었으나 항상 조심하면서, 불편을 감수해 가면서 타고 다녔는데 못 말리는 성격으로 운동은 물론 장거리도 불사하고 돌아다녔는데 얼마나 무모했으면 아들의 애절한 충고까지나 들어야 했을까.

이제만큼 나이도 적지 않고, 운전도 무리일 수도 있으니 결정을 쉽게 내렸을까.

이번 아들의 단호한 경고에 결정은 잘했으나 꼭 맛있는 과자를 먹다가 빼앗긴 어린이 꼴이 되어 자동차와의 인연을 아쉽게 억지로 끊을 수밖에 없었다. 우리에게 지금까지 살면서 이토록 억울하고 아쉬웠던 일이 또 있었는지는 내 기억에 없다. 두 번 당하라고 하면 못살 것 같다.

안 그래도 불편하고 굼뜬 노인에게 차마저 없애고 나니 그야말로 손발을 꽁꽁 묶어 놓은 듯한 이 불행하고 불편한 구속(?)은 말로는 다 표현이 안 되는 지옥의 맛이 이런 것이 아닐까. 우선 멀지 않은 마트도, 병원 가는 것 등 불편이 말할 수가 없다. 이러다가 진짜 방구석 늙은이가 따로 없는 것이 아니구나 싶다.

아, 이렇게 한 단계씩 후퇴를 향해(?) 갈 수밖에 없구나. 그 끝이 어디까지일까, 얼마나 남았을까.

우선 계절의 변화를 맞으러 다니던 그 작은 즐거움마저도 다 빼앗겼는지 잃었는지. 어디 억울한 것이 한둘인가. 노인들의 공통된 억울함일까.

인생은 걷지 못하면 살았다고 할 수 없다는 그 말이 너무도 가슴을 아리게 했다.

아이들은 차가 필요할 때면 얼마든지 대령하겠다고는 했지만 바쁜 저희들에게 우리가 아무리 부모라는 힘없는 늙은이지만 자존심마저도 없겠나. 택시 불러 타고 볼일이야 보겠지. 인간을 만물의 영장이라면서(이 없으면 잇몸으로 산다)고 한 조상들의 변명 같은 기지가 새삼 아프게 떠오른다. 이가 없으면 고기도 먹을 수 없고 사실은 그 이상 불쌍할 수가 없다. 그러나 할 말이 있고 마지막 자존심이 있는 처방인지 외침 같기도 하다.

그러나저러나 세월은 쉬지 않고 흘러간다. 아니 달려가는 것 같다. 우리들의 유통기한도 저 쓸모없는 오래된 가구와 함께는 물론이고 꼭 필요한 우리들의 발이었던 차도 없앴는데 그다음 차례도 분명하다.

지난날 내가 몰던 차를 처분했을 때는 그렇게 홀가분했는데 전철을 이용하니 길 막힐 염려도 없고 어딜 가나 주차 걱정도 없고 차를 가져가면 놀아도 차의 안위가 궁금했는데 없애고 나니 근심 덩어리를 같이 버린 것 같아 그 홀가분함을 잊지 못하겠는데.

이번 남편의 차를 없애고 보니 그때와는 너무도 달랐다. 이렇게 하나씩 정리하지 않을 수도 없구나. 내 마음이 이렇게 서운한데 본인 당사자는 오죽할까.

그러나 차는 없어도 공원이 가까이 있으니 다행이다. 계절의 변함을 꼭 멀리 남한산성에서나 맞을 수 있는 것도 아니고 여기 공원에서도 곧 단풍이 들면 가을이 올 것이고 산수유 벚꽃 목련이 차례로 봄을 알려 줄 것이 아닌가.

우리 여기 이사 온 지도 벌써 십오 년이 꿈같이 흘러갔네요. 그럼 앞으로 십오 년도 꿈같이 지나갈 것이 분명합니다. 한 가지 부탁은 더도 말고 덜도 말고 앞으로 십오 년도 꿈같이 지나갈 것이니 건강 조심하면서 아름다운 목련의 봄을 기다려 봅시다.

병사와 한 약속

나는 그때 6학년이 되자마자 6.25를 맞았으니 아직 새 학기에 대한 기대와 흥분도 가시지 않은 채 교실 창가에다 화분 몇 개를 늘어놓고 물을 주면서 잘 키우고 싶었는데 난데없는 휴교령(?)이 내린 것이다. 이북 공산당이 쳐들어온다는 공포도 실감하지 못하고 있는데 간밤에 낙동강 인도교와 철교 사이에 폭탄이 떨어졌으니 사람들은 피난을 어디로 갈까 당황하면서 우왕좌왕할 수밖에 없었다. 아마도 폭탄은 아군이 적군의 접근을 막기 위한 길 차단용 방법이 아니었을까 싶기도 한데 물론 지금 내 생각이다. 그때까지는 시민들도 피난은 가기는 가야 하는데 어디로 어떻게 가야 할 것인지 처음 겪는 일이라 고심하고 있는 중인데 벌써 다리부터 파괴하면 피해가 대단할 수밖에.

마침 인도교와 철교 사이에 떨어졌으니 우리는 인도교가 건재할 때 얼른 강이라도 건너야 한다고 짐을 싸서 일직면 소호리

외가 동네까지 떠나기로 하고 엄마는 백일도 안된 갓난아이를 업지도 못하고 안고 나서는데 언니는 역시 우리 집 기둥답게 큰 보따리를 이고 나는 자연히 그다음 일꾼으로서 네 살짜리 동생을 업으니 힘겨워서 짐은커녕 책도 한 권 못 들었다. 중간 일곱 살짜리, 열 살짜리 두 동생은 그냥 따라만 와 줘도 기특했다.

물론 삼촌도 연락해서 같이 떠나는데 그 집 식구 다섯 명과 집에 있는 총각삼촌까지 아버지 삼 형제분과 그 식솔 총 열네 명이 피난 3개월을 기적같이 잘 뭉쳐 다녔다.

철교가 끊어지면 기차도 못 다닐 텐데 우선 강이라도 건너놔야 할 것이다.

그때 마침 아버지 직장에는 트럭이 한 대 있었는데 전쟁에 쓴다고 말하자면 국가에 헌납하게 되어 내일이 바로 헌납일이라 우리 가족 14명과 다른 직원 가족들과 함께 이용하게 되어 마침 다행이었다. 우리 차가 낙동강 인도교에 들어서니 피난 행렬로 사람들이 인산인해를 이루고 있었다. 우리가 타고 가는 차는 달릴 수도 없을 만큼 인도교는 만원이 되었다. 걷거나 차를 타거나 속도 차이는 별로 없었던 것 같다.

어제 폭탄 사건으로 다리 끊어지기 전에 강이라도 건너야 한다는 다급한 심정으로 너도나도 짐을 이고 지고 소달구지에도 사람과 짐이 빼곡히 쌓여 짐 위에 아이가 올라타고 난리가 바로 이런 것이었다. 많은 사람들 중에는 우리 학교 선생님들도 한 팀이 되어 무거운 짐을 지고 아이들 손을 잡고 같이 가고 있었다.

차 위에서 내려다본 나는 태워 드리지도 못하고 태울 자리도 없으니 미안함과 부끄러움으로 고개를 숙이고만 있었던 기억이 아직도 미안하고 죄송하다.

지금은 세계에서도 알아주는 부자 나라가 되었지만, 그 비참하리만큼 가난한 나라에 전쟁이 웬 말인가. 그냥 살아도 힘든데 전쟁을 일으킨 자들의 머리는 얼마나 멍청이었을까 싶기도 하다. 야욕에만 불탄 그들이 원망스러웠다.

얼마나 어려웠으면 그때는 트럭 위에 타고 가도 일류 세단 이상의 가치나 다름없었다니까.

우리가 도착한 외가 동네는 전연 다른 세상처럼 평화로웠다. 아버지는 우리를 내려놓고 근무를 하러 가신다면서 자기가 올 때까지 기다리라 하고 가셨다. 금방 쳐들어올 것 같던 공산군들은 소강상태를 보이고, 나는 너무 심심해서 안동에 다시 가서 할 일이 있는데, 차는 물론 없고 아침을 일찍 먹고 걷기 시작했다. 한 이십 리는 될까, 부지런히 걸어 안동 중앙국민학교 교문에 도착하니 국군 아저씨가 보초를 서 있고 운동장에도 군인들이 보였다. 나는 보초를 선 아저씨한테 좀 무서운 생각은 있어도 용기를 내서 말을 걸었다.

“아저씨, 저기 4층 맨 끝 6-5반 교실이 우리 교실인데 들어가서 화분에 물 좀 주고 오면 안 되나요? 금방 갔다 올게요.”

그 보초병 아저씨는 나를 빤히 보더니 안 된다고 하면서 빨리 집으로 가라고만 했다.

“물만 얼른 주고 올게요” 사정하는데 왠지 나도 모르게 눈물이 나서 울며 부탁했더니 그 군인 아저씨가 하는 말.

“내가 물을 꼭 줄 터이니 너는 돌아가서 공부나 하렴.” 자기가 물을 주겠다고 약속 손가락까지 걸어 주었다.

그 후 우리 가족은 석 달 동안 피난을 갔다가 무사히 돌아오니 우리 학교는 불타 버리고 없어졌다. 화분에 심어둔 봉숭아도 함께. 전쟁만은 지구상에서 사라졌으면 좋겠다.

전쟁의 상처

6·25전쟁이 벌써 올해로 73년이 지났다니 세월이 유수 같다는 말은 이를 두고 한 말인가. 그때 내 나이가 열세 살이었다는 것이 중요한 것이 아니고 그 전쟁을 같이 겪었던 부모님은 물론 형제들마저도 이제는 모두 유명을 달리했으니 그때 같이 우리 가족이 겪었던 상황을 어디 다시 물어볼 데도 없고 확인할 수도 없으니 참으로 허무할 수밖에 없다. 인생사가 다 이런가. 6학년이면 어지간한 것은 기억도 하고 참혹한 광경도 잊지는 못하겠는데 우리는 아버지의 진두지휘 아래 아버지의 3형제분 열네 식구가 끝까지 의좋게 무사할 수가 있었던 것은 지금 와서 생각해도 너무나 고맙고, 감사했다.

또 피난지에서 가장 감동스러웠던 일은 어느 날 고모부를 우연히 길에서 만났을 때였다. 지금까지 서로 행방을 모르고 궁금하던 차 얼마나 반가웠는지 당장 고모의 안부를 물으니 고모는 딸 셋을 데리고 우선 고향 시골로 가서 곧 전쟁이 끝날 것을 기다리게 하고 잠시 피하고 있으면 자기는 피난 갔다가 얼른 돌아오기로 한 것이 이렇게 이산가족이 되었다는 것이다. 그때 큰딸이 열 살이었는데 그 열 살짜리가 비행기 폭격이 무서워 방공호로 피하는 모습이 눈에 어른거려 생각하면 가슴이 멘다면서 눈물을 흘리던 고모부가 너무도 불쌍하고 슬퍼서 같이 울었던 모습도 잊히지 않는다.

아버지께서는 밤낮으로 라디오를 켜 놓고 전세를 파악하는데 하루는 맥아더 장군이 이끄는 인천 상륙 작전이 성공했다면서 우리는 곧 돌아갈 수 있다고 기뻐하셨고 부산으로 피난지를 옮기겠다고 한 다른 분들께도 이제는 집으로 돌아갈 준비를 하자고 알려주기도 했다.

아직 전쟁은 끝나지 않았지만 인천 상륙 작전이 성공했다는 소식이 있자마자 안동지방은 수복이 되면서 다시 돌아와서 보니 학교는 불에 타서 흔적도 없고 우리는 각자 학급 단위로 담임 선생님 주도하에 우선 피난 갔다 온 친구들을 모아 마을 정자를 찾아다니면서 공부를 시작하였다. 참으로 비참한 폐허 위에서 시작이었지만 피난살이와는 다를 바 없어도 우리는 그래도 행복했다.

또 국가가 중학교 입시를 주관했으니 우리는 국가고시를 치르고, 그 점수를 갖고 중학교를 선택할 정도였다. 전쟁 중이라서 질서는 서서히 잡히겠지만 서울서 피난 온 친구들은 기약 없는 피난살이가 얼마나 지겨웠을까 싶었다.

어느 날 방과 후에 피난 온 서울 친구 집 마당에 가서 고무줄 놀이를 하고 노는데 우리 고모부가 그 집 대문 안으로 들어오고 있었다. 나는 너무도 반가워서 피난지에서 만나고 처음이니 눈물이 나올 정도로 반갑게 인사를 했더니 너무 놀라면서 빨리 저쪽 방으로 피하다(?)시피 들어가 버렸다.

친구가 하는 말이 저분도 우리와 같이 세 들어 사는 분인데 며칠 전 부인이 아기를 낳았는데 아들이라고 말했다.

실은 고모댁은 안동 시내에 있는 넓고 괜찮은 집이 있는데 남의 집에서 웬 셋방살이를 하다니, 또 무슨 아기야, 참 이상한 사실이었다. 나는 그날 집에 돌아와서 모든 것을 부모님께 말씀드렸더니 모두 놀라기도 했지만 난감한 표정들이었다. 고모께도 이 사실을 알렸더니 울면서 기어이 올 것이 왔다고 한탄을 하면서 신세타령을 해 가면서 가만두지 않겠다고 별렀다.

실은 피난지에서 고모부를 만났을 때 열 살짜리 딸을 생각하면서 눈물 흘리던 고모부가 아니었던가. 그사이 얼마 되었다고 아기까지 낳았다니… 더구나 딸뿐인 고모에게 아들이라니 얼마나 기가 막히고 가슴 무너지는 소식이었을까.

아무리 생각해도 전쟁의 상처는 우리 고모가 제일 많이 당하지 않았을까. 고모는 우리 집에 와서 엄마를 붙잡고 한없이 울고 또 울었지만 이 엄청난 전쟁이 만들어 놓은 비극인지 고모부가 바람둥인지는 잘 몰라도 새로운 운명은 시작될 수밖에 없었다.

만약 우리가 피난 못 가고 아버지만 피난 갔다면 아버지는 어했을까. 우리 아버지는 아무리 생각해도 그럴 사람은 아닌 것 같다. 이런 생각을 해 보는 것조차도 우리 아버지한테는 죄스러울 일인 것 같았다.

어쩔 수 없는 전쟁이 만들어 놓은 비극이라면서 우리 가족은 고모를 위로했으나 고모의 일생에는 너무도 가혹한 전쟁의 상처라고만 치부하기는 억울했던 것 같았다.

생긴 것도 미남이었지만 고모부는 그 후에도 지방 유지로 교육감도 했고 국회의원을 여러 번 할 정도로 활발한 인물이었다. 아버지와는 남매간 우애도 대단했지만, 매우 지성적인 인품으로 혈육 이상의 유대를 갖는 친한 사이였는데 씻을 수 없는 오점은 전쟁으로 인한 실수라고 하기엔 우리 고모의 한 인생을 너무도 아픔으로 멍들게 했다.

이제는 다들 이 세상을 떠나고 없는 인연들이 되었다. 한 세대는 지나갔으나 전쟁이 만든 상처라고 하지만 어디 6·25전쟁이 만든 상처가 이것뿐일까.

그 많은 남편과 아들들은 전쟁에서 돌아오지 않았고 또 이산의 아픔은 저 하늘이나 알아줄까. 납북 당한 자들의 생사를 알 수 없으니 아빠를 기다리던 어린 딸마저도 이제는 할머니가 되었는데도 이들에게는 아직도 혹여 납북된 아빠는 지금까지 살아 계시지 않을까? 눈물겨운 기다림은 끝이 없다.

이들 삶을 이토록 송두리째 빼앗은 자가 누구겠는가. 이 기막힌 사연을, 이 강산을 그대로 피멍 들게 한 그 자가 누구겠는가.

그리운 날들

장송희

햇살이 가장 뜨거운 오후 두 시 청계천을 걸으며 부모님 생각이 났다. 전근 다니는 아버지 덕에 꿈 같은 풍광이 어우러진 경주 월성초등학교 5학년으로 전학 가는 길이다. 내 머릿속에 사진 찍듯 각인을 시킨 그때의 풍경이 생각났고, 학교 바로 앞에는 봉황대 두 기가 산처럼 서 있고 잡풀과 나무가 우거진 곳이다. 집도 여러 채가 있다. 왕이 묻힌 곳이란다. 그때 나는 나중에 이 풍경에 익숙해지기 전 첫인상을 기억하기 위해 나름 머릿속에 저장해야겠는 생각을 했었다. 익숙해지고 난 후 첫인상과 비교하면 어떤 차이가 있을 거라고 좀 엉뚱한 생각을 했다.

차이 있으면 변하며 어쩔 것인데! 어릴 때 전학은 색다른 경험이었으며 새로운 반전도 있었다. 사실 4학년 때까지 별 두각이 나타나지 않았던 내가 5학년 새 학교에서는 달랐다. 늘 상을 받았다.(당시 교장 선생님은 자주 상을 주시는 분이었다.) 일제 고사, 학교

대항 그림, 붓글씨, 표어, 포스터, 운동, 글짓기 등 행사가 자주 열렸는데 나는 교육감상도 받고 졸업 때는 공로상도 받았으니 뒤돌아보면 내 인생 최고의 황금기였다. 어머니는 사친회(육성회) 회장이 되고, 그것은 기관장인 아버지의 후광이었겠지만 그래도 어머니는 한 번도 회의에 참석한 적이 없었다. 회의가 있으면 젊은 직원을 대신 보내고 운동회날 한 번 참석한 것뿐이었지만! 그때 나는 '접대' 요원으로 물주전자를 들고 보리차 따르는 학생으로 발탁되어 내빈석을 전담 봉사했다. 어머니 왈, "키 크고 훤한 아이가 와서 물을 따르는데 한참 보니 내 딸이더라"라고 해서 웃고 난리가 났다. 부모님은 가끔 집으로 전체 선생님들을 초대하여 중국 요리를 대접하시고, 적산가옥 긴 복도를 통해 우리 학교 선생님들을 맞이했다. 참 그 시절은 아름다운 날들이었다. 그때는 경쟁 시대도 아니었고, 오로지 미풍양속의 시대, 선생님을 하늘처럼 모신 그런 때였다.

우리는 황남동 벼 익는 황금 들판으로 그림 그리러 가기도 했고, 부모님과 불국사 석굴암에 올라가기도 했다. 석굴암 앞 가림집을 짓기 전이다. 본존상 주변을 빙 돌고, 11면 관음보살상을 보고 아버지가 설명해 주시는 신라 천년의 역사를 들으며 어린 시절 성장했다. 출장 가셔서 풍금을 사 오시고, 지금 생각하니 우리 부모님은 그 시절 최고의 낭만주의자였던 거다! 붓글씨 쓰는 나에겐 붓을 사 주시고 새해가 되면 소망을 쓰라고 하신다. 어쩌다 그림을 그리면 벽에 붙이고 감상 비평을 하시던 분. 큰딸은 고향 출신 의사한테 시집 보내고 오빠는 판사 시키려고 서울로 유학, 둘째 언니는 교사로 부임. 밑으로 우리 세 자매는 끝없이 공부하고 엄마 아빠도 무척 행복했을 때였을 것 같다. 그때 초등학교 5학년 때 『자유의 벗』이라는 얇은 잡지가 교실에 있었다. 미 군정청 발행으로 종이 질이 좋은 흑백사진으로 된 잡지이다. 내 상상의 근원이 된 잡지였다. 몇 번이나 볼 수 있게 교실 내 책상 서랍에 아예 넣어놓고 수시로 들여다보았다. 이화여대 교정 사진, 미국 작가의 그림, 일본 천왕과 천왕비의 결혼 과정, 베트남 풍경 등 그것을 보며 상상의 나래는 끝이 없었다.

2018년 뉴욕 현대 미술관(MOMA)에 갔을 때 나는 깜짝 놀랐다. 내 초등학교 5학년 때 그 『자유의 벗』 얇은 잡지에서 본 그 미국 작품이 걸려 있었다. 작가는 앤드루 와이어스라는 것을 알았고, 그림 속 소녀가 크리스티나인 것도. 소아마비 소녀인 것도 알았다. 어릴 때 막연히 동경했던 그림을 뉴욕에서 만나다니! 60년 전의 일이다. 잡지 속 그림을 만났다. 가슴이 뛰었다. 남들은 모르는 이 만남을 어떻게 하랴! 글로 쓸 수밖에.

5월 며칠 앞둔 오늘 청계천을 걸으며 부모님 생각이 난다. 그 분들은 구체적으로 말한 적은 없지만, 창의적인 생각과 폭 넓은 인생을 사시면서 아버지는 끝없는 독서, 연구, 실험으로 다윈의 진화론도 연구하시고, 자신의 관점을 쓰신 책도 만드셨고, 벌을 키우면서 꿀 채취 기계도 설계하시고, 과학 하는 삶을 사셨다. 정년 후에는 농림부 자문위원으로 서울로 재취업도 하신 멋진 인생이었다. 독학으로 한글을 익힌 어머니는 가사 문학의 취미자가 되시고 그의 꿈이 우리를 키우셨다.

진실함은 어떻게 보면 사실을 보는 힘이다. 돌아보면 특별하지도 않은 우리지만 흔들리지 않고 나이 들어간다. 두 분은 그 힘을 우리에게 말없이 키워 주셨고, 고통을 받을 때도 그 또한 넘기는 방법을 지도하신 것 같다. 연두색 잎이 점점 짙어지는 이때 하늘나라에서 모여든 가족과 다시 만나 회포를 푸시길 빕니다.

- 동생 장송희가 남긴 글

자연을 노래하는 수필가

오경자
(수필가 · 평론가 · 국제PEN한국본부 부이사장)

수필의 글감은 자신의 체험에서 비롯된다는 점 때문에 자칫 자연이나 자연현상들은 시의 제재인 것처럼 생각되기도 한다. 실제 수필을 쓸 때 자연이나 그 현상들을 글감으로 할 경우 일반 체험을 대상으로 할 때보다 훨씬 어렵다는 것을 경험하게 되는 일이 많다. 서술로 풀어가는 산문인 수필에서 자연을 아름답게 노래해서 독자에게 감동을 주기란 그리 녹록한 일이 아니다. 본래의 의도와 달리 자칫 진부해지기 쉽기에 얼른 접근하기가 어려운 글감이 자연이다.

수필가 장영교는 그 자연을 노래하는데 천부적 소질을 타고난 작가라 할 만하다. 그의 수필 「애기똥풀」은 쉽게 흉내 내기 힘들 정도로 순수하면서도 담박한 글이다. 샛노란 꽃 색깔과 아기의 천진무구한 이미지가 어우러져, 아무리 애기의 것이라 하나 똥이라는 혐오적 대상의 서사라고는 믿어지지 않을 만큼 아름답다. 화가이기도 한 장영교는 그의 그림 역시 주제가 꽃과 풀이 대부분이다.

장영교에게 있어 가족은 그의 부모님에 대한 회고에서부터 손주들에 이르기까지 글감의 보고이다. 여러 남매로 자란 그가 형제자매들에게 갖는 애착 또한 엄청난 글의 원천이다. 그의 수필은 그의 회고 자체가 역사요 기록이다. 과거에 대한 자긍심이 충만하고 미래에 대한 꿈이 찬란한 그의 수필세계는 굵직하게 살아온 그의 가족들이 버팀목이 되어 준다. 자존을 잃지 않고 칭찬을 아끼지 않지만, 그의 수필은 자랑의 흠집을 찾아내기 힘들다. 오로지 작가의 겸손한 성품 덕이다. 기리고 담백한 표현과 간결한 문장이 그런 결과를 이끌어 낸 공신이다. 그의 수필 행간에는 남편에 대한 신뢰와 무한한 사랑이 담겨 있고 아내의 세계를 인정해 주는 남편의 속정이 물 흐르듯 잔잔히 배어 있다.

수필은 산문이어서 서사이지만 간결한 표현은 생명과도 같다. 장영교의 수필은 간결함과 담백함의 결정체이다. 독자가 공감하는 것은 복잡한 내용의 전개가 아니라 간결한 속에서 담담하게 이어지는 작가의 진솔한 고백에서 비롯된다는 것을 문장으로 보여 주는 것이 장영교의 수필이다.

국제PEN한국본부
창립70주년기념 산문선집 07

하연 꽃들의 사연

발행일 2023년 10월 27일

지은이 장영교

발행인 강병욱
발행처 도서출판 교음사

03147 서울 종로구 삼일대로 457 수운회관 1308호
Tel (02) 737-7081, 739-7879(Fax)
e-mail : gyoeum@daum.net
등록 / 제2007-000052호

* 잘못된 책은 바꿔 드립니다. 값 13,000원

ISBN 978-89-7814-944-0 03810